U0689904

中国自由贸易试验区研究蓝皮书

（2018）

黄建忠　陈子雷　赵　玲　等编著

中国财经出版传媒集团

经济科学出版社

Economic Science Press

图书在版编目（CIP）数据

中国自由贸易试验区研究蓝皮书.2018/黄建忠等编著.
—北京：经济科学出版社，2019.10
ISBN 978 - 7 - 5218 - 1050 - 9

Ⅰ.①中… Ⅱ.①黄… Ⅲ.①自由贸易区 - 研究报告 -
中国 - 2018 Ⅳ.①F752

中国版本图书馆 CIP 数据核字（2019）第 231367 号

责任编辑：李晓杰
责任校对：蒋子明
责任印制：李 鹏

中国自由贸易试验区研究蓝皮书

（2018）

黄建忠 陈子雷 赵 玲 等编著
经济科学出版社出版、发行 新华书店经销
社址：北京市海淀区阜成路甲 28 号 邮编：100142
总编部电话：010 - 88191217 发行部电话：010 - 88191522
网址：www. esp. com. cn
电子邮件：esp@ esp. com. cn
天猫网店：经济科学出版社旗舰店
网址：http://jjkxcbs. tmall. com
北京密兴印刷有限公司印装
710×1000 16 开 10.5 印张 190000 字
2019 年 10 月第 1 版 2019 年 10 月第 1 次印刷
ISBN 978 - 7 - 5218 - 1050 - 9 定价：42.00 元
（图书出现印装问题，本社负责调换。电话：010 - 88191510）
（版权所有 侵权必究 打击盗版 举报热线：010 - 88191661
QQ：2242791300 营销中心电话：010 - 88191537
电子邮箱：dbts@ esp. com. cn）

上海市人民政府决策咨询研究基地
"黄建忠工作室"成果

"黄建忠工作室" 简介

　　"黄建忠工作室"是上海市人民政府决策咨询研究基地之一，工作室的主要研究任务是"上海'四大中心'建设与中国自贸区制度协同创新"。工作室主要依托上海对外经贸大学的应用经济学科，现有核心研究人员 65 名，分设了"货物贸易""服务贸易""国际商务与物流电商""自贸区理论与制度创新""金融开放与风险防控"等研究室和"数据库中心"，已经建成若干贸易文献数据库、计算机贸易专业数据库、海关数据库、中国工业企业数据库，以及国际视频会议中心。上海对外经贸大学的应用经济学科是上海市一流学科和重点建设的一类高原学科，二级学科国际贸易学获得上海市重点学科称号，产业经济学、金融学分别为上海市教委重点学科，国际经济与贸易、金融学、物流管理是全国特色专业。

　　本工作室注重"政产学研"结合，科研成果直接为国家、商务部、上海市与地方政府、企业的决策服务。2013 年工作室成立以来，首席专家与核心团队经过申报竞标取得教育部哲学社会科学重大课题攻关项目 2 项（黄建忠："要素成本上升背景下的中国外贸中长期发展趋势研究"；孙海鸣："全球大宗商品定价权与国际经贸格局演变"），国家社科基金项目与自科基金项目 9 项，承接中宣部、商务部、上海市发展研究中心、上海市人大常委会、浦东改革发展研究院、福建省"自贸办"、山东省威海市和荣成市等多项课题，参与上海自贸区第三方评估工作，编制出版了"中国自贸区研究蓝皮书"（2014－2017）和"全球大宗商品研究报告"（2014－2015）、出版了《服务贸易评论》《国际服务贸易新规则研究》《中国服务贸易报告 2011——视听服务贸易专题研究》等专著，在国内外权威学术刊物上发表论文数十篇。同时，众多咨询研究报告的成果被政府有关部门采纳。

　　本工作室与校内外、国内外多家单位建立了较为广泛的合作关系。在校内，工作室学术团队与 WTO 教席、上海市普通高校人文社科重点研究基地、上海市社会科学创新研究基地、上海发展战略研究所"孙海鸣工作室"、上海市政府决策咨询基地"王新奎工作室"、上海高校智库、上海高校知识服务平台——上海对外经贸大学上海国际贸易中心战略研究院等紧密合作；在国内，本工作室与国内众多著名高校、地方性政策研究部门特别是各个自贸区政府及民间研究机构建立了广泛的联系；在国外，本工作室也与美国、澳大利亚、新西兰、德国、法国、波兰、斯洛伐克等国一些院校建立了合作关系。

　　本工作室颇具特色的研究领域和社会服务能力得到政府和社会的高度认可。在当前国家新一轮开放战略下，本工作室将继续围绕服务国家和地方重大战略，不断发挥研究优势，进一步拓展研究领域，以期为国家和地方经济社会发展做出更大贡献。

本书编写人员：

1. 黄建忠，经济学博士，教授、博士生导师，享受国务院政府特殊津贴专家。现任上海对外经贸大学国际经贸学院院长，上海国际贸易学会会长；商务部经贸政策咨询委员会对外贸易组专家，"中商智库"副理事长；全国高校国际贸易学科协作组副秘书长，中国世界经济学会常务理事，中国国际贸易学会常务理事；中国自贸区协同创新研究中心首席专家、上海市人民政府决策咨询研究基地"黄建忠工作室"负责人。主要从事国际贸易、服务贸易和世界经济等教学与研究工作；出版了《国际贸易新论》《服务贸易评论》《中国对外贸易概论》《国际服务贸易教程》等著作与教材20余部；主持教育部人文社会科学重大课题攻关项目、教育部人文社会科学重点研究基地重大项目和福建省社会科学规划重大项目等科研课题数十余项；在《经济研究》《管理世界》《世界经济》《国际贸易问题》等权威刊物发表论文百余篇；孙冶方经济科学奖获得者，安子介国际贸易研究奖获得者，被授予"上海市五一劳动奖章"，荣获"上海领军人才"称号。承担本书研究课题拟定、人员分工和全书的章节安排统筹工作。

2. 陈子雷，政策学（经济政策）博士（日本千叶商科大学）、教授。东亚经济研究中心主任，全国日本经济学会理事，上海市欧美同学会理事，上海日本学会理事、上海市日本研究交流中心兼职研究员、复旦大学日本研究中心兼职研究员、上海市长宁区第十三届政协委员。主要研究方向：东亚经济、公共政策。近年来在《新民晚报》《解放日报》《文汇报》《世界经济研究》等官方媒体、杂志上发表论文10多篇；主持上海市人民政府决策咨询专项课题、上海日本研究交流中心转向课题、教育部留学归国人员科研启动基金等项目。承担本书研究课题进度协调工作。

3. 赵玲，日本名古屋大学博士，上海对外经贸大学东亚经济研究中心研究员，全国日本经济学会理事，上海财经大学2011协同创新中心研究员，研究领域包括国际贸易、劳动经济、世界经济。近年相继在《国际贸易问题》《南开学报》《上海对外经贸大学学报》《国际商务研究》《Forum of International Development Studies》等杂志发表论文；主持国家社会科学基金项目、上海市人民政府发展研究中心项目等课题。承担本书"粤港澳大湾区与广东自贸区的协同创新（第四章）"的撰写和全书的审定工作。

4. 蒙英华，经济学博士，研究员。专注于服务业与服务贸易问题的研究，近年相继在《管理世界》《财贸经济》《经济管理》《南开经济研究》《世界经济研究》等 CSSCI 期刊发表学术论文 40 余篇，出版《服务贸易提供模式研究》《海外华商网络与中国对外贸易》《自贸试验区背景下中国文化贸易发展战略研究》专著 3 部，主持国家社会科学基金、教育部青年项目、国侨办青年课题等项目。承担本书"自由贸易区（港）建设经验与中国开放契机（第六章）"的撰写工作。

5. 车春鹏，经济学博士，上海对外经贸大学副教授，研究领域包括产业经济、国际贸易等。现已在《改革》《上海交通大学学报（哲学社会科学版）》《宏观经济研究》上发表论文 20 多篇；出版专著 2 部，主持上海市人民政府发展研究中心决策咨询课题、上海市人大课题、上海市张江高新技术产业开发区管理委员会课题等 10 多项课题。承担本书"中国国际进口博览会与中国进出口商品交易会协同联动机制研究（第五章）"的撰写工作。

6. 陈华，华东师范大学博士，上海对外经贸大学国际经贸学院副教授，研究领域包括国际贸易、国际投资、区域经济发展与空间计量经济分析。相继在《科学·经济·社会》《国际商务研究》《统计与决策》等杂志发表论文；曾主持上海市教委项目、上海对外经贸大学中东欧研究中心相关课题。承担本书"沿长江流域的中国自由贸易试验区的协同创新研究（第二章）"的撰写工作。

7. 黄志瑾，法学博士，副研究员、硕士生导师。《上海对外经贸大学学报》编辑，中国法学会世界贸易组织法研究会理事。主要从事国际贸易法、国际投资法研究工作。出版专著 1 部，参著 3 部，发表论文 30 余篇，主持国家级课题 1 项、省部级课题 5 项。获得上海市"晨光学者"。承担本书"中国自贸试验区模式与经验的海外复制和推广研究（第七章）"的撰写工作。

8. 景瑞琴，复旦大学博士，上海对外经贸大学国际经贸学院副教授，研究领域包括国际贸易、国际商务。近年相继在《经济问题》《国际商务研究》等杂志发表论文；主持农业部对外经济合作中心、上海市人民政府发展研究中心等课题。承担本书"上海自贸区与浙江自贸区的协同创新（第三章）"的撰写工作。

9. 余丽丽，厦门大学博士，上海对外经贸大学国际经贸研究所助理研究员，研究领域包括国际贸易与气候变化、增加值贸易与全球价值链。近期相继在《统计研究》《国际贸易问题》《经济科学》等杂志发表论文；主持上海市人民政府发展研究中心课题1项。承担本书"中美战略与经济对话与上海自贸区创新试验的联动研究（第一章）"的撰写工作。

目　录
Contents

中美战略与经济对话与中国（上海）自由贸易试验区创新试验的联动研究

第一节 概 述

一、研究背景和意义

自由贸易试验区（Free Trade Zone，FTZ）是指在主权国家或地区的关境以外划出特定的区域，准许外国商品豁免关税自由进出。狭义的自由贸易试验区仅指区内加工出口所需原料等货物的进口豁免关税的地区，类似于出口加工区；广义的自由贸易试验区还包括自由贸易港和转口贸易区。2017 年 10 月 18 日，党的十九大报告中指出，赋予自由贸易试验区更大的改革自主权，探索建设自由贸港。

中美战略与经济对话是世界上最大的发展中国家和最大的发达国家之间就双方全局性、战略性和长期性经济问题进行探讨的重要平台，对于中美双边经贸关系的持续稳定具有重要意义，为新时代中国特色社会主义下的改革开放和中国（上海）自由贸易试验区创新试验提供了重要参考。张幼文（2007）、雷明等（2016）指出共同利益是中美经济战略对话的基础，王国兴（2007）、张茉楠（2017）关于中美战略与经济对话的协调机制进行了探讨，张亭等（2016）、王冠楠等（2017）分别从产业升级的路径选择、金融国际竞争力为中美战略与经济对话提供了重要参考。

2015 年国务院发布《进一步深化中国（上海）自由贸易试验区改革开放方案》并指出，要将中国（上海）自由贸易试验区（以下简称上海自贸区）建设成为开放度最高的投资贸易便利、货币兑换自由、监管高效便捷、法制环境规范的自由贸易园区。相应地，以负面清单为主要内容的投资管理制度创新（胡加祥，2014；郭晓合和陈雯诗，2015；俞洁和宾建成，2017）；以海关特殊监管区域转型升级为目标的贸易监管制度创新（李树峰，2016；樊婷，2016）；以贸易和投资便利化为目标的金融制度创新（刘轶锴，2015；沈伟，2017）；以深化行政管理体制改革为核心内容的管理模式创新（邓芳芳等，2017；赵亮，2017）都成为上海自贸区创新试验的研究重点。

自 2013 年上海自贸区设立以来，一直以建设"开放程度最高的自贸区"为任务，并且自主开放对象主要是以美国为首的发达国家，因此探讨中美经贸关系与上海自贸区创新试验具有相辅相成的作用。刘超和禹伟（2014）、尹晨等（2016）指出，上海自贸区的负面清单可以对接和服务中美 BIT 谈判，为中美"互相尊重"开辟法律化、制度化的机制保障；同时尹晨等（2016）指出上海自贸区可以巩固对美经贸优势，提升对美经贸关系的水平和质量，为深化和提高中美战略性经贸依存关系做出贡献。与此同时，良好的中美经贸关系也将为上海自贸区创新试验的运行和推进提供保障。中美战略与经济对话对中美经贸关系及中国特色社会主义下的改革开放具有深刻影响。与此同时，上海自贸区建设正在进入 3.0 版时代，自由贸易港将成为其进一步重点建设的创新体制和模式，另外上海自贸区三年多来培育的"可复制、可推广"的创新模式，对于中国经贸发展具有重大的实践意义。

二、研究方法与数据

1. 经验总结法

将国内 11 个自由贸易试验区的设立时间、园区范围和分布、政策法规等情况进行归纳与分析，使之系统化并进行比较、提炼经验，为上海自贸区创新试验的分析与探索打下理论基础。

2. 实地调研

以实地考察方式对上海市外高桥保税区、外高桥保税物流园区、洋山保税港区、上海浦东机场综合保税区、金桥出口加工区、张江高科技园区和陆家嘴金融贸易区 7 个区域，进行调研并考察其运作模式。

3. 数据分析方法

利用国研网数据，分析 2001～2017 年中美经贸发展（一般贸易和加工贸易）、上海及其周边地区对美国的贸易发展状况，以经贸关系为例，探讨中美战略与经济对话与上海自贸区创新试验的联动性。

三、研究内容与思路

第一，在世界经济缓慢复苏和美国新政不确定性的复杂局势下，科学分析和把握中美经贸关系的动态性和稳定性、特殊性和一般性，并对之进行深入研究和系统总结。

第二，在中美经贸关系动态变化背景下，以共同利益为根本，以提高中国对美经贸水平和质量为前提，在新一轮中美战略和经济对话中寻找提升中国制度性话语权的着力点和有效途径。

第三，总结和提炼上海自贸区创新建设的制度性成果，尤其是关注自贸区设立以来中国对美国的经贸交往优势以及经贸关系的水平和质量，并尝试将创新体制和模式进行复制和推广。

第四，明确党的十九大报告提出的自贸区创新方向，理清"自贸试验区"与"自由港"之间的联系，在比较和借鉴国际经验和提炼自身成果的基础上，逐步推进自由港政策和功能的实现。

第五，科学分析在中美战略与经济形势调整背景下，上海自贸区进一步创新的意义和挑战，并提出切实可行的方案设计、技术路线和相关建议。

第二节　中美战略与经济对话的基础与发展现状

一、中美经贸发展现状

改革开放尤其是加入 WTO 之后，中国对外贸易规模迅速发展，如表 1－1 所示，2001～2017 年中国出口和进口总额分别增长了 6.69 倍、5.38 倍。分阶段来看，2001～2008 年，中国出口和进口总额始终保持持续增长趋势；受金融危机影响，2009 年中国出口和进口总额相较 2008 年有所下降；2010～2014 年，外部经济逐步回暖、外部需求有所恢复，中国进出口总额呈现上升趋势；2015～2017 年，受外部各种不确定因素及汇率调整等影响，中国进出口总额有所下降。与此同时，2001～2017 年中国对美国的进出口规模与中国对世界贸易进出口规模呈现同步变化趋势。此外，自上海自贸区成立之后，2013～2017 年中国对美国出口占中国出口总额的份额呈现稳步上升趋势，2013～2015 年中国对美国进口占中国进口总额的份额也逐渐上升。整体来看，美国始终是中国最重要的贸易伙伴，在中美战略与经济对话中促进中美关系不断发展对于中美的经济和贸易发展具有重要意义。

表 1－1　　　　　2001～2017 年中国贸易和对美国贸易的变化趋势　单位：百万美元，%

年份	出口总额	进口总额	对美贸易			
			出口额	出口份额	进口额	进口份额
2001	266115.4	242050.8	54311.52	20.41	26170.12	10.81
2002	324674.4	293396.1	69953.67	21.55	27218.61	9.28
2003	438453.9	412396.8	92504.9	21.1	33869.88	8.21
2004	593624.8	560577.7	124963.8	21.05	44639.41	7.96
2005	762285.1	660047.8	162923.7	21.37	48720.22	7.38
2006	969430.3	791607.3	203500	20.99	59215.08	7.48
2007	1217762	956070.2	232724.2	19.11	69851.63	7.31
2008	1428767	1131185	252279.5	17.66	81474.11	7.2
2009	1200958	1005485	220656	18.37	77430.12	7.7
2010	1576397	1395882	283056.1	17.96	102066.4	7.31
2011	1892585	1739334	323676.7	17.1	121743.9	7
2012	2046922	1817738	351399.4	17.17	132829.7	7.31
2013	2208064	1948783	368053.5	16.67	152346.6	7.82
2014	2342033	1962117	395877.9	16.9	159093.7	8.11
2015	2280794	1679780	409840.9	17.97	149671.2	8.91
2016	2131376	1576551	388557.6	18.23	134849.6	8.55
2017	2047689	1664358	391163	19.1	138865.6	8.34

资料来源：《国研网》中国双边贸易数据。

表 1－2 描绘了 2001～2017 年中国对美国的进出口结构及其变化趋势，可以发现：从出口结构来看，研究期间中国一般贸易出口始终保持上升趋势而加工贸易出口始终保持下降趋势，其中一般贸易出口份额由 30.62% 上升至 50.55%，

加工贸易出口份额由 69.38% 下降至 49.45%。这与加工贸易占据中国对外贸易"半壁江山"的特点一致。从进口结构来看，研究期间中国一般贸易进口整体上呈现上升趋势而加工贸易进口整体上呈现下降趋势，其中一般贸易进口份额由 58.19% 上升至 61.64%，加工贸易进口份额由 41.81% 下降至 38.36%。由此说明中国对美国出口以中间品为主，对美国进口则以最终品为主。

表 1 - 2　　　　　2001 ~ 2017 年中国对美进出口结构的变化趋势　　单位：百万美元，%

年份	出口结构				进口结构			
	一般贸易		加工贸易		一般贸易		加工贸易	
	出口额	出口份额	出口额	出口份额	进口额	进口份额	进口额	进口份额
2001	16627.74	30.62	37683.78	69.38	15228.88	58.19	10941.23	41.81
2002	21462.48	30.68	48491.19	69.32	14703.09	54.02	12515.52	45.98
2003	27917.23	30.18	64587.67	69.82	18944.82	55.93	14925.06	44.07
2004	38098.69	30.49	86865.13	69.51	24339.92	54.53	20299.49	45.47
2005	52794.86	32.40	110128.87	67.60	25919.12	53.20	22801.11	46.80
2006	69124.85	33.97	134375.14	66.03	28351.68	47.88	30863.40	52.12
2007	80237.66	34.48	152486.54	65.52	36011.87	51.55	33839.76	48.45
2008	93617.27	37.11	158662.23	62.89	47031.82	57.73	34442.29	42.27
2009	78482.21	35.57	142173.81	64.43	50134.92	64.75	27295.20	35.25
2010	107770.34	38.07	175285.77	61.93	63765.94	62.47	38300.44	37.53
2011	135054.19	41.73	188622.49	58.27	81220.62	66.71	40523.23	33.29
2012	150974.28	42.96	200425.15	57.04	89950.09	67.72	42879.61	32.28
2013	161654.50	43.92	206399.03	56.08	94772.71	62.21	57573.90	37.79
2014	178730.71	45.15	217147.19	54.85	96441.37	60.62	62652.34	39.38
2015	202203.12	49.34	207637.81	50.66	89890.20	60.06	59781.04	39.94
2016	195021.27	50.19	193536.33	49.81	86176.00	63.91	48673.54	36.09
2017	197748.86	50.55	193414.17	49.45	85601.85	61.64	53263.69	38.36

资料来源：《国研网》细分贸易方式的中美贸易数据。

二、中美战略与经济对话的发展进程

中美战略与经济对话是中美双方就事关两国关系发展的战略性、长期性、全局性问题而进行的战略对话。自 2009 年 7 月 27 日的第一轮开始，中美已经进行了达 8 次的中美战略与经济对话（U. S. - China Strategic and Economic Dialogue），双方就两国关系的深层次、战略性重大问题进行了富有成效的沟通与交流。表 1-3 汇总了中国战略与经济对话的发展进程。

第一轮中美战略与经济对话于 2009 年 7 月 27~28 日在华盛顿举行，双方就双边关系，两国在经济、金融及相关领域的合作，两国在全球性问题及地区问题上的合作、战略与经济对话机制等问题达成了广泛共识。在双边关系方面，两军扩大各级别交往，争取年内再举行人权对话。在经济合作方面双方达成四点共识：第一，中美两国将各自采取措施促进国内经济平衡和可持续的增长，以确保从国际金融危机中有力复苏；这些措施包括增加美国的储蓄和提高消费对中国 GDP 增长的贡献。第二，双方将共同努力建设强有力的金融体系，并且完善金融监管。第三，双方致力于更加开放的贸易和投资，反对保护主义，促进创新，以推动经济增长，创造就业。第四，双方同意在改革和加强国际金融机构方面进行合作，增加包括中国在内的新兴市场和发展中经济体的发言权和代表性，确保充分的发展融资并应对未来危机。在全球性问题合作方面，双方将开展战略石油储备对话。在国际地区问题合作，两国将加强打击恐怖主义。

第二轮中美战略与经济对话于 2010 年 5 月 24~25 日在北京举行，双方就事关中美关系发展的全局性、战略性、长期性问题深入交换了意见，两国主管部门签署了多项合作文件，达成了共 26 项具体成果，内容涉及环境、科技、海关、卫生和执法等广泛领域。中美双方签署了《中国国家核安全局和美国核管制委员会关于进一步加强西屋 AP1000 核反应堆核安全合作备忘录》《中国国家能源局与美国国务院中美页岩气资源工作组工作计划》《中国国家发展改革委与美国国务院关于绿色合作伙伴计划框架实施的谅解备忘录》《中华人民共和国海关总署与美国国土安全部海关与边境保护局关于供应链安全与便利合作的谅解备忘录》，续签了《中华人民共和国卫生部和美利坚合众国卫生与公共服务部关于新发和再发传染病合作项目的谅解备忘录》。欢迎在落实《中美关于加强气候变化、能源和环境合作的谅解备忘录》和《中美能源和环境十年合作框架》方面取得的进展，并同意加强在气候变化、能源、环境等领域的务实合作。中美双方发表了《中美能源安全合作联合声明》，双方同意加强在阻止、打击核与其他相关放射性材料非法运输方面的合作；同意在平等和相互尊重的基础上继续就人权问题进行对话。

第三轮中美战略与经济对话于2011年5月9～10日在华盛顿举行，双方围绕落实胡锦涛2011年1月访美期间两国元首达成的重要共识，就事关中美关系发展的全局性、战略性、长期性问题坦诚、深入交换了意见。双方一致同意增进战略互信，密切高层交往，深化双边合作，加强国际和地区问题的沟通协调，不断推进中美合作伙伴关系建设。双方共达成112项具体成果，并签署《中美关于促进经济强劲、可持续、平衡增长和经济合作的全面框架》，其正文分五个部分，分别为原则、深化中美宏观经济合作、发展更加平衡的贸易投资关系、深化在金融领域的合作及加强区域和国际经济合作，其内容明示，中美将基于共同利益，从战略性、长期性、全局性角度，推进更为广泛的经济合作，以共同建设全面互利的经济伙伴关系，增进两国繁荣与福祉，推动实现世界经济强劲、可持续、平衡增长。

第四轮中美战略与经济对话于2012年5月3～4日在北京举行，双方进行了坦诚、深入、建设性的对话，决定推进两国务实合作，以建设相互尊重、互利共赢的中美合作伙伴关系。在战略对话中，双方围绕推进中美合作伙伴关系建设、开创新型大国关系，增进战略互信，深化广泛领域务实合作，促进中美在亚太良性互动和国际地区问题上的协调合作，完善对话机制等议题交换了意见，取得新的重要共识。在经济对话中，双方认真落实两国元首共识，就促进经济强劲、可持续的平衡增长，拓展贸易和投资机遇，金融市场稳定与改革等议题坦诚对话，取得67项互利共赢成果。

第五轮中美战略与经济对话于2013年7月10～11日在华盛顿举行，两国在推进双边投资协定的实质性谈判、加强宏观经济政策协调、开展能源合作等领域取得丰硕成果。在战略对话中，双方再次确认通过战略与经济对话机制的作用，深化战略互信，以构建中美新型大国关系。达成的成果包括加强双边合作、共同应对地区和全球性挑战、地方合作、能源合作、环保合作等。在经济对话中，双方表明将采取进一步措施支持强劲的国内和全球经济增长，促进开放的贸易与投资，提升国际规制和全球经济治理，支持金融市场稳定与改革。

第六轮中美战略与经济对话于2014年7月9～10日在北京举行，双方围绕落实两国元首重要共识、努力构建中美新型大国关系，就一系列战略性、长期性、全局性问题坦诚、深入地交换了意见，并达成广泛共识，取得了重要积极成果。在战略对话中，双方就如何构建中美新型大国关系、形成中美在亚太良性互动格局、推进各领域对话与合作、网络安全问题、气候变化、联合国维和等达成一定共识。在经济对话中，双方在扩大贸易和投资合作、促进结构性改革和可持续平衡发展、金融市场稳定与改革等取得了一定成果。

第七轮中美战略与经济对话于 2015 年 6 月 23～24 日在华盛顿举行，本轮对话和磋商是当年中美之间又一高层战略沟通，对双方增进相互了解与信任、促进各领域合作与交流、做好习近平 9 月对美国国事访问准备工作，具有重要意义。

第八轮中美战略与经济对话和第七轮中美人文交流高层磋商分别于 2016 年 6 月 6～7 日在北京举行，主要机制分为战略、经济和人文三个层面。中方牵头官员包括国家主席习近平特别代表国务院副总理刘延东、时任国务院副总理汪洋、原国务委员杨洁篪；美方牵头官员包括美国总统奥巴马特别代表国务卿克里、财政部长雅各布·卢。双方将就中美关系及共同关心的其他重大问题，以及教育、科技、文化、卫生、体育、妇女、青年等领域的交流与合作深入交换了意见。

表 1-3　　　　　　　　　　　中美战略与经济对话的发展进程

序列	主题	议题	对话的主要内容
第一轮对话（2009 年 7 月 27～28 日）	凝聚信心恢复经济增长，加强中美经济合作	中美关系、国际地区问题和全球性问题	在当前复杂多变的国际经济政治形势下，中美双方通过战略与经济对话，扩大共识，减少分歧，加深互信，促进合作，符合双方共同利益，有利于推动中美关系朝着积极合作全面的方向发展
第二轮对话（2010 年 5 月 24～25 日）	确保持续发展、互利共赢的中美经济合作伙伴关系	中美关系、国际地区及全球性问题；能源安全、气候变化、联合国维和、反恐等问题	我们要坚持中美关系的正确方向；我们要尊重彼此核心利益和重大关切；我们要尊重各国自主选择发展道路的权利；我们要保持两国高层及各级别密切往来；我们要发展互利双赢的合作格局；我们要加强地区热点和全球性问题上的协调；我们要深化两国人民相互了解和友谊
第三轮对话（2011 年 5 月 9～10 日）	建设全面互利的中美经济伙伴关系	经贸合作、金融监管等议题	一是促进贸易与投资合作；二是完善金融系统和加强金融监管；三是推进结构调整和发展方式转变；四是促进经济强劲、可持续、平衡增长
第四轮对话（2012 年 5 月 3～4 日）	推进持久互利的中美经济关系	促进强劲、可持续和平衡增长；拓展贸易和投资机遇；金融市场稳定和改革	一是促进强劲、可持续和平衡增长；二是拓展贸易和投资机遇；三是金融市场稳定和改革

续表

序列	主题	议题	对话的主要内容
第五轮对话（2013 年 7 月 10～11 日）	新型大国关系建设	双边问题和共同关心的重大国际与地区问题，以及网络安全、气候变化、清洁能源、经济贸易、加强两军之间的联系等	网络安全：敏感却无法回避；BIT 谈判：须双方让步
第六轮对话（2014 年 7 月 9～10 日）	新型大国关系建设	为扩大共识、减少分歧、加深互信、促进合作	强化经济政策合作；促进开放的贸易和投资；提升全球合作和国际规则；支持金融稳定和改革
第七轮对话（2015 年 6 月 23～24 日）	新型大国关系建设	新一轮中美战略与经济对话的主轴，将涉及更多两国金融关系的协调和发展方向	加强双边合作；应对地区和全球性挑战；气候变化与能源合作；环保合作；海洋合作；卫生合作；科技与农业合作；地方合作；双边能源、环境、科技对话
第八轮对话（2016 年 6 月 6～7 日）	焦点从汇率问题转为产能过剩	宏观经济形势和宏观经济政策，开放条件下的贸易与投资，以及金融稳定与改革	金融市场稳定与改革；国际经济重大问题协调；环保、能源、科技、气候等领域合作；构建双方在亚太的积极互动关系；妥善管控分歧和敏感问题；应对地区热点和全球性挑战；深化双边务实合作

资料来源：第八轮中美战略与经济对话框架下战略对话具体成果清单，http://www.xinhuanet.com/world/2016 - 06/08/c_1119007842.htm。

第三节　上海自贸区创新试验的进程与成果

2013 年 9 月开始，中国逐步开始自由贸易试验区的探索，至 2017 年 3 月中国已先后创建了中国（上海）自由贸易试验区、中国（广东）自由贸易试验区、中国（天津）自由贸易试验区、中国（福建）自由贸易试验区、中国（辽宁）自由贸易试验区、中国（浙江）自由贸易试验区、中国（河南）自由贸易试验区、中国（湖北）自由贸易试验区、中国（重庆）自由贸易试验区、中国（四川）自由贸易试验区、中国（陕西）自由贸易试验区，形成了"1 + 3 + 7"的自贸区格局。

一、上海自贸区创新试验的发展历程及趋势

2013 年 3 月底，国务院总理李克强考察了上海浦东的外高桥保税区，并表示鼓励上海积极探索，通过建立一个自由贸易园区试验区实现进一步扩大开放、推动完善开放型经济体制机制。2013 年 9 月 29 日中国（上海）自由贸易试验区正式成立，面积为 28.78 平方公里，涵盖上海市外高桥保税区、外高桥保税物流园区、洋山保税港区和上海浦东机场综合保税区 4 个海关特殊监管区域。首批入驻自贸区包括 25 家企业和 11 家金融机构，其中 11 家金融机构包括：中国工商银行、中国农业银行、中国建设银行、交通银行、招商银行、浦发银行及上海银行 8 家中资银行，花旗银行、星展银行 2 家外资银行，及交银金融租赁 1 家金融租赁公司。2014 年 7 月 25 日《中国（上海）自由贸易试验区条例》作为第一部关于自由贸易试验区的地方性法规以高票通过，该条例集实施性法规、自主性法规、创制性法规的性质于一身，堪称自贸试验区建设的"基本法"，该条例对自贸试验区建设进行了全面的规范，如管理体制、投资开放、贸易便利、金融服务、税收管理、综合监管、法治环境等。

2014 年 12 月 28 日全国人大常委会授权国务院扩展上海自贸区区域，将总面积扩展到 120.72 平方公里，涵盖上海市外高桥保税区、外高桥保税物流园区、洋山保税港区、浦东机场综合保税区、金桥出口加工区、张江高科技园区和陆家嘴金融贸易区 7 个区域。2015 年 10 月 6 日，商务部新闻发言人沈丹阳在例行新闻发布会上表示，自成立两年来上海自贸区主要成果表现在以下四个方面：基本建立以负面清单管理为核心的外商投资管理制度；有效运行以贸易便利化为重点的贸易监管制度；有序推进以资本项目可兑换和金融服务业开放为目标的金融制度创新；初步形成以政府职能转变为核心的事中事后监管制度。

2017 年 3 月 5 日习近平在参加上海代表团审议时，要求上海解放思想，勇于担当，敢当人先，坚定践行新发展理念，深化改革开放，引领创新驱动，不断增强吸引力、创造力、竞争力，加快建设社会主义现代化国际大都市。与此同时，在国际保护主义思潮抬头之际，习近平还特别提到上海自贸区要"亮明我国向世界全方位开放的鲜明态度"，并进行金融、监管等体制的改革，以上海改革带动全国改革，坚定中国坚持全球化的立场。

二、上海自贸区创新试验取得的成果

上海自贸区自设立以来，其功能也逐步在调整和升级，由 1.0 版贸易便利化

发展为主，发展至 2.0 版投资自由化、金融国际化，再升级至 3.0 版的创新要素跨境配置，聚焦金融、投资、贸易、创新等专业领域的制度创新。由此，上海自贸区取得的成果主要以负面清单体现的投资贸易便利化、金融开放等条款，以及与之匹配的投资管理制度、监管制度、金融制度、政府管理制度、法制环境建设等创新进行体现。负面清单的本质是"法无禁止皆可为"，表 1-4 汇总了不同版本的《中国（上海）自由贸易试验区外商投资准入特别管理措施（负面清单）》，可以发现：我国自贸区的负面清单条目从 2013 年的 190 项逐渐缩减到 2017 年的 95 项。具体来说，与 2013 年版本相比，2017 年负面清单总数量由 190 条减少至 95 条，4 年时间减少了 50%。其中，负面清单数目减少最多的行业是制造业，其特别管理措施数量由 63 条减少至 14 条。相应地，商务部的统计显示，截至 2017 年 4 月上海自贸区累计设立外资企业 8734 家，吸引合同外资 6880 亿元人民币。正如商务部研究院国际市场研究所副所长白明所说，负面清单不仅促进投资领域在不断扩宽，还促进了新政效率的提高。但任何事情都是一把"双刃剑"，负面清单制度也不例外。中国社会科学院财经战略研究院张方波指出，负面清单条目逐渐减少标志着政府活动边界缩小，从而也有效地推动了自贸区的发展。

表 1-4　　《中国（上海）自由贸易试验区外商投资准入特别管理措施（负面清单）》版本说明

版本	主要内容及主要特点
《中国（上海）自由贸易试验区外商投资准入特别管理措施（负面清单）》（2013年版）	主要内容：包括国民经济 18 个经济行业门类，涉及 89 个大类、419 个中类和 1069 个小类，编制特别管理措施共 190 项（约有 17.8% 的小类有特别管理措施）。其中对试验区重点发展的产业（服务业和部分制造业）按照小类表述，制造业限制小类占比约 11.6%，服务业限制小类占比约 23%，增强了市场准入透明度，提升了投资便利化水平 主要特点：自贸试验区负面清单管理模式运行平稳调整将越来越开放
《中国（上海）自由贸易试验区外商投资准入特别管理措施（负面清单）》（2014年版）	主要内容：特别管理措施由原先的 190 条调整为 139 条，调整率达 26.8%。按措施的类型分，限制性措施 110 条，禁止性措施 29 条；按产业分，第一产业 6 条，第二产业 66 条（其中制造业 46 条），第三产业 67 条 主要特点：着眼于开放性经济建设；参照国际通行规则；充分考虑自贸试验区现有产业基础和未来经济定位
《中国（上海）自由贸易试验区外商投资准入特别管理措施（负面清单）》（2015年版）	主要内容：同 2014 年版相比，这次出台的自由贸易试验区负面清单更加全面，与国际规则进一步接轨，同时取消了 60 多项限制，进一步提高了开放程度 主要特点：提高开放水平；转变管理方式；完善准入体系

续表

版本	主要内容及主要特点
《中国（上海）自由贸易试验区外商投资准入特别管理措施（负面清单）》（2017年版）	主要内容：2017年版负面清单包括40个条目，95项措施，与2015年版负面清单相比，减少了10个条目、27项措施，开放度大大提升 主要特点：进一步缩减了限制性措施；放宽了外资并购的准入限制；扩大了投资领域开放度；增强了外资准入透明度

资料来源：上海市商务委员会，http：//www.scofcom.gov.cn/index/index.htm。

上海自贸区的核心任务是制度创新，主要涉及投资管理制度、监管制度、金融制度、政府管理等领域。表1-5汇总了上海自贸区的制度创新实践及其主要内容，以投资管理制度为例，其主要包括四个方面：（1）制定和完善负面清单，由2013年版负面清单修订至2017年版负面清单的发展来看，外商投资准入特别管理措施减少了50%，进一步提高了开放度和透明度，进一步衔接了国际同行规则。（2）实施外商投资备案管理和境外投资备案管理制度，2013年9月29日上海市人民政府实施《中国（上海）自由贸易试验区外商投资项目备案管理方法》，其中第六条明确指出，项目备案机构应在收到申请材料之日起10个工作日内，向备案申请人出具自贸试验区外商投资项目备案意见。对不违反法律、法规，符合国家产业政策规定，属于自贸试验区外商投资项目备案管理范围的外商投资项目，项目备案机构应予以备案。不予备案的，应在项目备案意见中说明理由。（3）深化商事登记制度改革，如：为了简化企业登记注册手续，提高市场准入效率，上海海关在自贸区内实施了一系列简政措施，大力推进企业登记制度改革，使企业登记注册的受理效率大大提升。（4）落实服务业扩大开放措施。上海服务贸易进口增速明显，贸易逆差差额进一步扩大，外资已成为上海国民经济的重要组成部分。上海自贸区放开了会计审计、建筑设计、评级服务等领域对外资的限制。同时，关于放宽银行类金融机构、证券公司、证券投资基金管理公司、期货公司、保险公司等领域对外资的限制问题，相关部门正在研究制定具体政策。

表1-5　　　　　　　　　上海自贸区的制度创新及其主要内容

编号	创新类型	主要内容
1	投资管理制度	一是制定和完善负面清单；二是实施外商投资备案管理和境外投资备案管理制度；三是深化商事登记制度改革；四是落实服务业扩大开放措施

编号	创新类型	主要内容
2	监管制度创新	一是创新"一线放开、二线安全高效管住、区内自由"监管制度；二是启动实施国际贸易"单一窗口"管理制度；三是探索建立货物状态分类监管制度
3	金融制度创新	一是金融创新措施不断推出；二是金融服务功能不断增强；三是建立完善金融监管和防范风险的机制
4	政府管理创新	一是建立安全审查制度；二是建立反垄断审查制度；三是健全社会信用体系；四是建立企业年度报告公示和经营异常名录制度；五是健全信息共享和综合执法制度；六是建立社会力量参与市场监督制度
5	法制环境建设	国家和地方性法规

资料来源：中国（上海）自由贸易试验区，http：//www.china-shftz.gov.cn/Homepage.aspx? isF=0。

第四节　中美战略与经济对话与上海自贸区创新试验联动性

一、中美战略与经济对话对上海自贸区创新试验的影响效应

以对标国际、建设"开放度最高"的自贸试验区为任务的上海自贸区，自主开放的主要对象可以设定为美国为首的发达国家，因此中美新型大国关系构建将对上海自贸区创新试验具有重要影响。以中美经贸联系以及上海贸易发展趋势为例，来说明中美大国关系对于上海扩大开放的变化趋势。如图 1－1 所示，2013～2017 年，中美进出口规模占中国进出口总规模的份额整体呈现上升趋势，这与美国始终是中国最重要的贸易伙伴的事实相符合。与此同时，2013～2017 年，上海出口规模占中国总出口规模的份额呈现下降趋势，这与金融危机之后外部经济形势低迷密切相关；而上海进口规模占中国总进口规模的份额整体呈现上升趋势，这与上海自贸区设立之后坚持进一步开放的态度和措施密切相关。鉴于中美经贸关系以及上海自贸区对于中国贸易发展的重要性，因此在中美战略与经济对话中构建中美新型大国关系、促进中美经贸关系良性发展，是上海自贸区创新试验的重要基础。

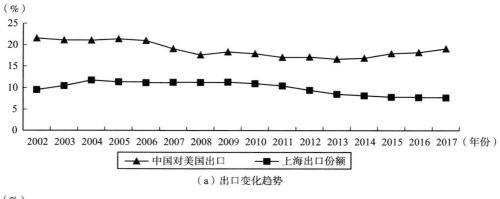

（a）出口变化趋势

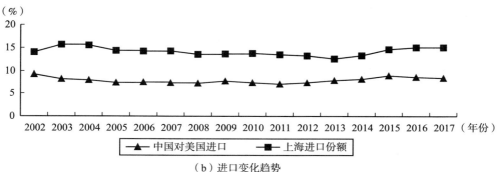

（b）进口变化趋势

图 1-1　2002～2017 年中国对美国进出口份额和上海占中国进出口份额变化趋势

资料来源：《国研网》中国-省级对美贸易数据。

二、上海自贸区创新试验对中美战略与经济对话的影响效应

目前，我国对"准入前国民待遇"和"负面清单"开放模式还处于探索时期，对"负面清单"能否包括目前不存在的部门和领域、内容的可更改性、地方政府的保留权限以及对内容的解释方法的理解还不够透彻。这些问题都为将来国际投资纠纷埋下了隐患（刘超和禹伟，2014）。上海自贸区"负面清单"可以作为中美 BIT 协定"负面清单"的先试先行。此外，上海自贸区可以巩固现有对美经贸交往优势，提升对美经贸关系的水平和质量，为深化和提高中美战略性经贸关系做出贡献。表 1-6 汇总了 2002～2017 年上海及其周边地区对美贸易总值的变化趋势，可以发现：（1）2002～2017 年上海对美出口总值占中国对美国出口总值的份额始终保持在 10% 左右，江苏、浙江和上海（苏浙沪）对美国出口总值占中国对美国出口总值的份额由 30.5% 上升至 43%。与此同时，中国对美国

出口总值由 2002 年 6995370 万美元上升至 2017 年 391163 百万美元，增长了 4.6 倍。（2）2002～2017 年上海对美国进口总值占中国对美国进口总值的份额保持在 19% 左右，苏浙沪对美国进口总值占中国对美国进口总值的份额由 34% 上升至 34.6%。与此同时，中国对美国进口总值由 2002 年 27218.6 百万美元上升至 2017 年 138865.5 百万美元，增长了 4.1 倍。上述结果说明，上海及其周边地区始终是中美经贸发展的重要组成部分，对于促进中美经贸发展具有重要的促进作用。

表 1－6　　　　　2002～2017 年上海及其周边地区对美贸易总值的变化趋势

单位：百万美元，%

年份	上海对美国贸易总值				苏浙沪对美国贸易总值				中国对美国贸易总值	
	出口	出口份额	进口	进口份额	出口	出口份额	进口	进口份额	出口	进口
2002	6984.1	10.0	5528.6	20.3	21345.4	30.5	9253.2	34.0	69953.7	27218.6
2003	11433.1	12.4	7031.6	20.8	32722.3	35.4	13147.0	38.8	92504.9	33869.9
2004	17192.5	13.8	9569.9	21.4	48126.3	38.5	18025.3	40.4	124963.8	44639.4
2005	21847.2	13.4	10307.5	21.2	66075.1	40.6	19588.5	40.2	162923.7	48720.2
2006	27104.3	13.3	12745.4	21.5	86514.7	42.5	24084.2	40.7	203500	59215.1
2007	33445.6	14.4	14210.7	20.3	104071.1	44.7	27745.3	39.7	232724.2	69851.6
2008	35744.6	14.2	15622.2	19.2	113373.3	44.9	30340.9	37.2	252279.5	81474.1
2009	31211.5	14.1	13727.4	17.7	100883.9	45.7	27897.0	36.0	220656	77430.1
2010	39620.7	14.0	19130.7	18.7	130373.3	46.1	39119.0	38.3	283056.1	102066.4
2011	46259.6	14.3	20004.0	16.4	145357.6	44.9	44118.1	36.2	323676.0	121743.9
2012	47650.3	13.6	19365.1	14.6	151489.4	43.1	43958.4	33.1	351399.4	132829.7
2013	47796.1	13.0	21885.7	14.4	156635.9	42.6	47999.1	31.5	368053.5	152346.6
2014	46515.5	11.7	24421.8	15.4	165330.2	41.8	48951.6	30.8	395877.9	159093.7
2015	42012.5	10.3	25553.1	17.1	166207.6	40.6	47409.8	31.7	409840.9	149671.2
2016	41563.0	10.7	24088.6	17.7	165364.0	42.6	44086.4	32.7	388557.6	134849.5
2017	38663.5	9.9	25946.9	18.7	168062.3	43.0	47997.8	34.6	391163	138865.5

资料来源：《国研网》中国－省级对美贸易数据。

加入 WTO 之后，中国对外贸易尤其是加工贸易规模迅猛发展。表 1－7 汇总了

2002～2017 年上海及其周边地区对美加工贸易的变化趋势，可以发现：（1）2002～2017 年间上海对美加工贸易出口占中国对美加工贸易出口的份额由 8.3% 上升至 14%，苏浙沪对美加工贸易出口占中国对美加工贸易出口的份额由 23.1% 上升至 40.2%。这说明上海及其周边的加工贸易出口对于中国对美加工贸易出口具有重要的促进作用。（2）2002～2017 年上海及其周边地区对美加工贸易进口占中国对美加工贸易进口的份额整体上呈现下降趋势。以上结果说明，上海及其周边地区对美贸易发展过程中，以加工贸易出口、最终品进口为主。

表 1-7 　　　　2002～2017 年上海及其周边地区对美加工贸易的变化趋势

单位：百万美元，%

年份	上海对美加工贸易				苏浙沪对美加工贸易				中国对美加工贸易	
	出口	出口份额	进口	进口份额	出口	出口份额	进口	进口份额	出口	进口
2002	4013.5	8.3	3474.1	27.8	11197.6	23.1	5069.5	40.5	48491.2	12515.5
2003	7608.1	11.8	4326.9	29.0	19092.5	29.6	6871.0	46.0	64587.7	14925.1
2004	12066.1	13.9	6225.8	30.7	28942.1	33.3	9843.3	48.5	86865.1	20299.5
2005	15180.3	13.8	6740.9	29.6	39540.8	35.9	10818.8	47.4	110128.9	22801.1
2006	18935.8	14.1	8331.0	27.0	53060.2	39.5	14358.2	46.5	134375.1	30863.4
2007	23872.4	15.7	8857.6	26.2	63441.4	41.6	15214.3	45.0	152486.5	33839.8
2008	25590.8	16.1	9493.2	27.6	66588.5	42.0	15499.4	45.0	158662.2	34442.3
2009	22997.2	16.2	7368.1	27.0	60470.3	42.5	12001.5	44.0	142173.8	27295.2
2010	29427.3	16.8	10667.7	27.9	76410.5	43.6	17595.8	45.9	175285.8	38300.4
2011	34869.4	18.5	9920.5	24.5	81652.9	43.3	17825.4	44.0	188622.5	40523.2
2012	36239.5	18.1	9557.0	22.3	82344.7	41.1	17885.1	41.7	200425.1	42879.6
2013	36349.8	17.6	10377.0	18.0	82847.2	40.1	20702.2	36.0	206399	57573.9
2014	33947.6	15.6	12053.7	19.2	82814.7	38.1	21899.5	35.0	217147.2	62652.3
2015	29497.9	14.2	12572.6	21.0	78844.1	38.0	20479.8	34.3	207637.8	59781
2016	29570.7	15.3	10279.2	21.1	76827.1	39.7	16680.0	34.3	193536.3	48673.5
2017	27124.6	14.0	11929.8	22.4	77785.3	40.2	18400.1	34.5	193414.2	53263.7

资料来源：《国研网》中国-省级对美贸易数据。

第五节　结论与展望

一、研究结论

通过对搜集的资料进行整理和数据分析，我们可以得到以下结论：（1）中美战略与经济对话对于构建中美新型大国关系、促进中美经贸发展具有重要作用，这也是上海自由贸易区进行创新试验的政策基础和动力来源；（2）自设立 4 年以来，上海自贸区在贸易便利化、金融监管等方面的制度创新卓有成效，这对于促进中美经贸稳定、推动中美战略与经济对话具有重要的作用。与此同时，我们也应该看到：逆全球化背景下，中美经贸关系一波三折，中美战略与经济对话存在重重矛盾，而上海自由贸易区也正在试图向自由贸易港逐步转变，这些现实因素都将影响本书的研究结论。

二、未来展望

美国在实施"国家优先"政策并恢复以国家竞争力为主要目标的经济保护主义。特朗普政府在没有充分考虑合作的前提下，轻率地掀起了国家之间的贸易战，由此导致中国和美国错失了互相推进的战略机遇。从我们的研究可以看出，构建和谐的中美大国关系对于上海自贸区创新试验具有重要意义，如何在中美新型大国关系实业下进行上海自贸区创新试验将是未来研究的重点。

此外，上海自贸区自身的制度创新将有助于推进中美双边经贸谈判，并对中美战略与经济对话、构建和谐的大国关系具有一定的借鉴和促进作用。2018 年是我国改革开放 40 周年，作为中国改革的前沿阵地，上海自贸区应该要一马当先，突出系统集成、强化改革联动，体现先试先行的引领作用。上海自贸区管委会指出，2018 年上海自贸区将有更多惊喜值得期待，如三个"自贸区速度"、继续深化监管制度创新、提升政府治理能力等将在上海自贸区实现，体现其先发优势。三个"自贸区速度"具体指：（1）企业投资建设项目审批速度体现国际领先水平，从取得土地到获批施工许可证的政府审批时间，带有设计方案出让的不超过 15 个工作日，没有设计方案的不超过 48 个工作日；（2）企业市场准入"两个当场办结"：企业变更当场办结，从名称库选名的企业注册当场办结；（3）通关时间两年内压缩一半，2018 年实现海运进境平均通关时间为 2 天、空运进境平均通关时间为 12 小时，2020 年分别压缩到 24 小时和 6 小时。值得说明的是，2017 年 10 月 18 日，党的十九大赋予了自由贸易试验区更大改革自主权，探索建设自由贸易港。因此，上海如何利用自由贸易区向自由贸易港功能和职能进一步调整，进一步推进中美经贸发展、推进中美战略与经济对话，也将是未来研究的重点。

第二章

沿长江流域的中国自由贸易
试验区的协同创新研究

第一节 沿长江流域自由贸易试验区功能定位与发展现状

一、沿长江流域的五大自由贸易试验区

自由贸易区是指主权国国内的贸易自由化，具体指向某一国家或地区境内设立的小块特定区域，实行优惠税收和特殊监管政策。另外，还涉及人员、资金、货币兑换、投资的自由化。我国沿长江流域的自由贸易试验区主要包括中国（上海）自由贸易试验区、中国（湖北）自由贸易试验区、中国（四川）自由贸易试验区、中国（重庆）自由贸易试验区及中国（浙江）自由贸易试验区。

（一）中国（上海）自由贸易试验区

中国（上海）自由贸易试验区，是中国政府设立在上海的区域性自由贸易园区，也是中国大陆境内第一个自由贸易区。上海自贸区的发展依次经历了成立阶段、扩围阶段、复制与全面深化阶段三个阶段。该试验区于 2013 年 8 月 22 日经国务院正式批准设立，于 9 月 29 日上午 10 时正式挂牌开张。2014 年 12 月，上海自贸区面积从 28.78 平方公里扩至 120.72 平方公里，涵盖范围从最初的上海市外高桥保税区、外高桥保税物流园区、洋山保税港区和上海浦东机场综合保税区 4 个海关特殊监管区域扩展到后来的金桥开发片区、张江高科技片区和陆家嘴金融片区。2014 年 12 月 21 日，国务院印发《国务院关于推广中国（上海）自由贸易试验区可复制改革试点经验的通知》，对中国（上海）自由贸易试验区可

复制改革试点经验在全国范围内的推广工作进行了全面部署。2017 年 3 月 30 日，国务院下达关于印发全面深化中国（上海）自由贸易试验区改革开放方案的通知，《全面深化中国（上海）自由贸易试验区改革开放方案》正式发布。

（二）中国（湖北）自由贸易试验区

2016 年 8 月下旬，国务院决定设立中国（湖北）自由贸易试验区（以下简称湖北自贸区），2017 年 4 月 1 日，中国（湖北）自由贸易试验区正式挂牌。自贸试验区的实施范围 119.96 平方公里，涵盖三个片区：武汉片区 70 平方公里（含武汉东湖综合保税区 5.41 平方公里）、襄阳片区 21.99 平方公里（含襄阳保税物流中心 0.281 平方公里）、宜昌片区 27.97 平方公里。湖北自贸区贸易转型发展现状大致如下。

1. 培育新型贸易方式

自主提出要"积极培育新型贸易业态和功能，形成以技术、品牌、质量、服务为核心的外贸竞争新优势""积极承接软件信息、生物医药研发、管理咨询、工程设计、动漫创意等离岸服务外包业务，试点离岸服务外包全程保税监管模式""在严格执行货物进出口税收政策前提下，允许在海关特殊监管区外设立保税展示交易平台"。

2. 增强内陆国际物流服务功能

自主提出创新内河船舶登记制度，放宽船舶融资租赁登记地选择，延长船舶国籍证书期限，简化换证程序；大力发展长江航运金融，建设长江航运交易信息平台，发展长江航运电子商务、支付结算等业务，推进组建专业化地方法人航运保险机构，鼓励境内外航运保险公司和保险经纪公司等航运服务中介机构设立营业机构并开展业务；推进集装箱铁水、铁海、铁铁联运项目和三峡翻坝综合运输体系建设，推进水水、公水中转运输；加快建设全国高铁快递转运分拨中心、铁路特快货运中心。

3. 构筑对外开放平台和通道

自主提出支持在条件具备时增设海关特殊监管区域和保税监管场所；加强电子口岸建设，加快建设长江中游通关中心，配套建设长江中游海关物流监管中心和审单分中心，推动实现海关、检验检疫等口岸监管部门信息共享。

4. 深化行政管理体制改革方面

自主提出最大限度取消行政审批事项，建立健全行政审批管理目录制度，实行审管职能分离，建立综合统一的行政审批机构，完善"一口受理"服务模式。

（三）中国（四川）自由贸易试验区

中国（四川）自由贸易试验区（以下简称四川自贸区）整体分为成都、泸州两部分，涵盖三个片区：成都天府新区、成都青白江铁路港和川南临港片区，总面积约 119.99 平方公里。四川自贸区主要任务是落实中央关于加大西部地区门户城市开放力度以及建设内陆开放战略支撑带的要求，打造内陆开放型经济高地，实现内陆与沿海沿边沿江协同开放。

四川省 2017 年新批外商直接投资企业 579 家，累计批准 11701 家。外商投资实际到位资金 561.0 亿元，比上年增长 7.5%。落户四川的世界 500 强境外企业 235 家。年末驻川外国领事机构 17 家。新增境外投资企业 95 家，境外投资企业累计 961 家。根据图 2 - 1 可知，2017 年四川全年进出口总额 4605.9 亿元，比上年增长 41.2%。其中，出口额 2538.5 亿元，增长 37.4%；进口额 2067.4 亿元，增长 46.2%。四川自贸区的进出口额从 2010 年到 2014 年均在增加，2015 ~ 2016 年进出口贸易额有所下降，2017 年四川设立自由贸易试验区后，贸易额又迅速增长，进出口额增长率重回正值。

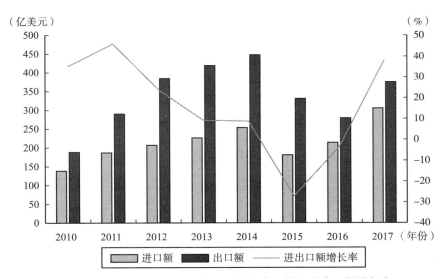

图 2 - 1　2010 ~ 2017 年四川省进口额和出口额及进出口额增长率

资料来源：根据四川省统计局数据整理，网址为 http://tjj.sc.gov.cn/。

2017 年，四川自贸区外贸进出口量显著增加。2017 年成都市实现外贸进出口总额 3941.8 亿元，同比增长 45.4%，增速高居副省级城市第一位，外贸依存度达 30.3%。全市本地报关率达 86.3%，本土货源率达 92.2%。四川自贸区第三产业企业增速迅猛，新登记企业和累计企业数量以第三产业为主。新登记第三产业企业 22563 户，占新登记企业总户数的 90.82%；第三产业企业累计为 64494 户，占自贸区累计企业总数的 92.06%。从具体行业分布看，信息传输、软件和信息技术服务业、租赁和商务服务业、批发和零售业是投资热点。另外，四川自贸区吸引了大量高新技术产业入驻，信息传输、软件和信息技术服务业在新登记企业行业分布中占首位，挂牌一年来，新增 6977 户，占新登记总量的 28.08%，累计 14267 户，占区内企业总量的 20.36%[1]。此外，成都国际经贸交往取得新突破，"中国—欧洲中心"启动运行，成为首个由地方搭建，并得到国家部委和欧盟大力支持的对欧合作平台，使成都站在国家对欧开放合作最前沿。来自 38 个国家的 138 家机构、企业提出入驻意向。中德、中法等国别产业合作平台加快建设。德国赢瑞科技公司中国技术支持总部、德国 IF 设计分中心、川能投—法能（ENGIE）集团合资的分布式能源项目、中法西南能源管理数据中心等一批带动型项目成功落户。威马中德新能源智能汽车研究中心、建安本特勒汽车底盘研发中心、戴卡凯斯曼成都汽车零部件有限公司等在蓉建成投产。

（四）中国（重庆）自由贸易试验区

中国（重庆）自由贸易试验区（以下简称重庆自贸区）是中国政府设立在重庆的区域性自由贸易园区，属中国自由贸易区范畴，其实施范围为 119.98 平方公里，涵盖两江片区、西永片区、果园港片区 3 个片区。重庆自贸区于 2017 年 3 月 15 日获国务院正式批复同意设立；同年 3 月 31 日，国务院正式公布《中国（重庆）自由贸易试验区总体方案》；同年 4 月 1 日正式挂牌。

习近平在 2013 年提出的"丝绸之路经济带"的战略构想，将成为未来几十年我国对外经济的重大战略举措。重庆作为中国最年轻的直辖市，其长江上游经济中心乃至整个西部经济中心的特殊区位优势，使它在"丝绸之路经济带"战略中具有重要意义。随着两江新区逐渐成熟、新欧亚大陆桥建成通车，重庆对外贸易的基本面已经发生了巨大改变。从图 2 - 2 可以看出重庆的进口额和出口额从 2010 年到 2014 年先增加，2014 年到 2016 年一直减少，到 2017 年进出口总额相较于 2016 年有所增加。从图 2 - 2 中还可以看出 2010~2017 年的增长率一直在波动，2011 年增长率开始下降，一直到 2015 年后开始逐步上升，一直到 2017 年增长率上升最快。重庆市进出口总额平均增长率为

---

[1] 中国（四川）自由贸易试验区官方网站，http://www.scftz.gov.cn/zmdt/-/articles/3479474.shtml。

28.96%，大于同时段内的全国平均增长率21.24%。2011年、2012年的增长率分别高达135.13%、82.09%。

2011年以来，对外贸易增速放缓。近几年，重庆市对外贸易增速大幅度下降。这种变化主要来自两个方面的原因：一是受我国整体贸易形势变化的影响；二是重庆市两江新区等政策红利释放完毕，而新的"一带一路"等政策效应又还未显现。

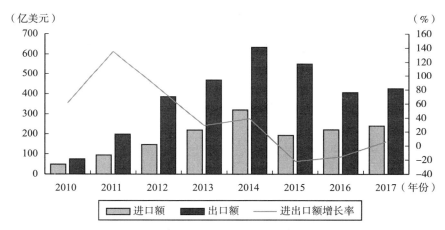

图2-2　2010～2017年重庆市进口额和出口额及进出口额增长率
资料来源：根据重庆市统计局数据整理，网址为 http://www.cqtj.gov.cn/tjsj/sjjd/。

另外，商品贸易结构发生重大变化。设立重庆直辖市以后，特别是两江新区设立以后，重庆市进出商品的结构发生了显著变化：从产品结构来看，机电产品在重庆市进出商品总值占比达一半以上，但机电产品在进口中占比下降明显，自2010年两江新区设立以来，以电子信息产品制造和装备制造业为代表的高新技术产业继传统的汽摩产业之后，逐渐成为重庆工业的新支柱产业。而2017年的重庆自贸区的建立更加推进了贸易转型。从传统角度看，重庆是一个以汽摩、钢铁、机械等重工业为主的城市。图2-3中可知，2010～2017年重庆地区的GDP都是稳步上升的，特别是2017年自贸区成立以来，重庆市经济增长一直排在全国前列，即使在近几年全国整体经济增长放缓的背景下，重庆市依然实现了两位数以上的GDP增长速度，这说明重庆市的发展动力十分强劲。

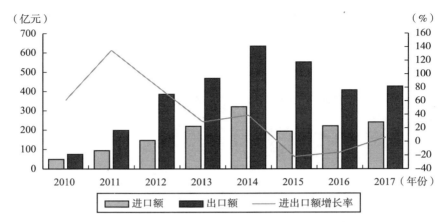

图 2 - 3　2010 ~ 2017 年重庆市生产总值及增长率

资料来源：根据重庆市统计局数据整理，网址为 http：//www. cqtj. gov. cn/tjsj/sjjd/。

（五）中国（浙江）自由贸易试验区

中国（浙江）自由贸易试验区（以下简称浙江自贸区），于 2017 年 4 月 1 日挂牌，重点就是"探索建设舟山自由贸易港区"，实施范围 119. 95 平方公里，其实施范围在舟山，由陆域和相关海洋锚地组成，涵盖三个片区：舟山离岛片区、舟山岛北部片区、舟山岛南部片区。

二、五大自贸区功能定位及特色比较

五大自贸区承接了国家多个重大战略：上海自贸区作为中国第一个自贸试验区，定位为中国全面深化改革进行全方位、全领域的创新试验，推动中国经济更好更快地融入世界经济体系；湖北自贸区的定位是落实中央关于中部地区有序承接产业转移、建设一批战略性新兴产业和高技术产业基地的要求，主要发挥其在中部崛起战略和推进长江经济带建设中的示范作用；四川自贸区主要是打造内陆开放型经济高地，实现内陆与沿海沿边沿江协同开放；重庆自贸区主要是落实重庆战略支点和连接点重要作用，加大西部地区门户城市开放力度的要求，带动西部大开发战略深入实施；浙江自贸区主要是建设舟山自由贸易港区，就推动大宗商品贸易自由化，提升大宗商品全球配置能力进行探索。

沿长江流域的五大自贸试验区各自的功能定位有着相似之处，但同时存在着较大的差异，不同的历史和现实、地理和文化等背景，铸就了五大自贸区各自的特色。我们应该聚焦这五大自贸区的特色之处，实现各自贸区间的优势互补，推动沿长江流域自贸区的联动与协同发展，同时带动整个长江经济带的城市经济进一步发展。

第二节　沿长江流域五大自贸区的联动效应及协同发展

一、沿长江流域自贸区的联动发展的必要性与可行性分析

（一）沿长江流域自贸区的联动发展的必要性

沿长江流域的五大自贸区由于地理位置、人文背景和历史现实的差异，在功能定位上有着很大的不同。同时，五大自贸区也有着各自的特色。要推动沿长江流域自贸区的发展，必须根据它们各自的功能定位及特色，进行优势互补，形成合作联动、互利共赢的协同发展机制。

比如，上海自贸区作为我国的第一个自贸区，制度规范各方面发展得比较成熟，作为我国新一轮制度创新的"试验田"，可为其他几个自贸区提供大量"可复制、可推广"的经验，尤其是在金融创新和科技创新方面。湖北自贸区关于实现中部地区有序承接产业转移、建设一批战略性新兴产业和高技术产业基地的定位，给其他自贸区在关于产业转移、新兴产业和高技术产业的发展方面提供了示范作用。重庆自贸区为内陆自贸区的金融创新给予了新思路，此外，在加工贸易、产业转移升级、多式联运物流方面，重庆自贸区走在其他自贸区的前面。湖北自贸区和重庆自贸区在"制度创新"方面的名列前茅，是其他自贸区学习的典范。四川自贸区作为区域性综合交通枢纽的地理位置，为其他自贸区开展国际贸易提供了便利。浙江自贸区致力于实现大宗商品贸易自由化，提升大宗商品全球配置能力，其舟山港有望成为沿长江流域自贸区江海联运综合枢纽港。

（二）沿长江流域自贸区的联动发展的可行性

首先，地理位置上的紧密联系为五大自贸区的联动发展提供了前提条件。上海自贸区、浙江自贸区、湖北自贸区、重庆自贸区和四川自贸区五大自贸区都是沿长江流域的，其中，上海自贸区、浙江自贸区位于长江流域的上游；湖北自贸区位于长江流域的中游；重庆自贸区、四川自贸区位于长江流域的下游。长江将

五大自贸区以及杭州、上海、武汉、宜昌、襄阳、成都这些沿江城市都串联了起来，实现了它们在货物运输、人员流动及信息传递等方面的互联互通。

其次，长江经济带发展战略为五大自贸区的联动发展提供了政策支持。推动长江经济带发展是一项国家级重大区域发展战略。上海、浙江、湖北、重庆和四川都在这一战略规划的范围内。为推进长江经济带发展，国家在政策上给予了很大的支持并破除了许多旧的制度阻碍，正因为有着共同的发展背景，各省（直辖市）在经济发展政策上也相连相通、利益相关，这些都为五大自贸区的联动发展提供了有力支持。

最后，长江经济带下游地区城市职能分工互补性强，中上游地区尚未形成互补的职能分工体系，城镇体系空间分布不均衡，空间运行成本高，经济带城镇化发展对流域资源环境产生了越来越大的压力。针对这些问题，建议在长江经济带城市群建设中，以流域一体化为主线，构建"水轴串城"的串珠状城镇体系；以交通一体化为主轴，构建"陆轴连城"的轴辐式城镇体系；以产业布局一体化为主导，构建"产业链城"的产城融合式城镇体系；以生态环保一体化为先导，构建生态型城镇体系；以江海联动为主出口，构建江海联动的双向开放型城镇体系；形成流域—交通—产业—生态—开放"五位一体"的城镇体系，进而不断优化长江经济带的城镇等级规模结构体系、城市职能分工体系和空间结构体系，缓解经济带新型城镇化的资源环境压力，实现长江经济带产业发展与布局，流域上中下游基础设施、生态建设与环境保护、城乡发展与城乡统筹、区域市场、社会发展和基本公共服务的一体化建设，把长江经济带建设成为上下协同、江海联动、多式联运、人水和谐、经济共荣的命运共同体和利益共同体，提升长江经济带对外开放度，提升城镇化发展质量，为国家新型城镇化发展做出重大贡献。

二、沿长江流域自贸区与周边城市的联动发展

（一）制度创新作用于贸易与投资

1. 制度创新作用于贸易

制度创新对于发展至关重要，所以沿长江流域的五大自贸区自成立以来都把制度创新放在自贸区发展的核心地位。为推进贸易自由便利化，五大自贸区都致力于建立贸易单一窗口制度；实施税收优惠政策；创新海关监管模式；深化行政管理体制改革；推进通关机制创新，深化报税货物流转模式改革；建设配套的公共服务平台，完善服务体系。这一系列的制度创新通过优化流程、简化手续提高

了效率、降低了企业成本，使贸易更加自由便利、科学且安全高效。这些自贸区的制度创新红利带动了周边城市的联动发展，从上文分析可知，主要有两方面影响：首先，自贸区的建立使周边城市的进出口贸易额迅速增长，进出口额增长率大幅提高，给周边城市的经济增长注入了强大的动力；其次，自贸区的建立也加快了贸易的转型升级，周边的城市更多地将高新技术产业、先进制造业、现代服务业作为支柱产业，从而给发展增添了新动能。

2. 制度创新作用于投资

为推进投资便利化，五大自贸区努力实施对外投资管理体制改革，建立以负面清单为核心的外商投资管理模式并构建与负面清单管理方式相适应的事中事后监管制度；提出多项促进投资的税收优惠政策；不断完善外商投资、境外投资备案制度；全力构筑对外投资服务促进体系。这一系列的制度创新有利于进一步减少或取消外商投资准入限制，同时有利于提升外商投资全周期监管的科学性、规范性和透明度，从而建立了良好的营商环境。自贸区的周边城市同样享受着这些制度创新带来的红利。自贸区成立之后，其周边城市的内资和外资都呈现了井喷式增长，外资和内资企业设立数量以及注册资金都急剧增长，这一结果极大地带动了周边城市的经济发展。从投资的产业结构占比来看，第三产业占比不断上升，这对高端制造业、服务业的发展起到很大的推动作用。此外用于科学研究及技术服务方面的投资也快速增长，这无疑会提高科学研发能力和国家竞争力。

（二）制度环境有利于跨境电商等新业态发展

跨境电商等新业态的健康快速发展离不开良好的制度环境，而良好的制度环境则需要不断地进行制度创新与改革。制度创新主要体现在投资便利化、贸易便利化、金融管理与服务创新、政府职能转变、法治环境这五个方面。因此，为推动跨境电商等新业态的发展，我们需要努力实现投资和贸易的便利化；推进金融管理与服务的创新；加快政府职能转变；完善法制环境。

以跨境电商为例，跨境电商的发展与海关监管发展以及金融发展密不可分，需要优化跨境贸易营商环境，降低口岸费用，更要压缩口岸耗时，降低贸易的跨境结算费用以及贸易商的贸易融资成本。在贸易投资方面，自贸区为跨境电商业务发展提供了一系列低关税税率等优惠政策；在金融方面，自贸区不断完善金融服务体系，不断增强金融服务功能，大力推进科技金融创新，扩大金融领域对外开放，这些举措都给跨境电商等新业态的发展提供了金融支撑；此外，自贸区跨境电商交易平台的建立打破了关、税、汇、检、商、物、融之间的信息壁垒，实现监管部门、地方政府、金融机构、电子商务企业、物流企业之间信息互联互通，为跨境电子商务信息流、资金流、货物流"三流合一"提供数据技术支撑。

沿长江流域自贸区的制度创新为周边城市的跨境电商等新业态的发展营造了良好的制度环境，从自贸区建立以来，周边城市的跨境电商等新业态都快速地发展，这极大地带动了周边城市的就业和经济增长。

三、沿长江流域五大自贸区协同发展之江海联运

（一）五大自贸区协同发展之江海联运的提出

素有"黄金水道"美称的长江具有水运成本低、运能大的优势，可以将上中下游地区有机联结起来，降低中西部地区过高的物流成本，为陆海双向开放创造条件，为区域经济协调发展奠定基础。长江为这五大自贸区提供了畅通的立体交通体系，所以这五大自贸区相比于其他自贸区存在着地理位置上的优越性。但是，长江水运市场被分割为若干相对独立的部分，内河货物出海需要多次转运，重复装卸和候港、候船严重降低了效能。如何提升"黄金水道"的运输效能？最有效的方法是发展江海联运。

江海联运是指江与海的联合运输，使用专用的船舶在内河和海洋两个航道内实现高效运输，它主要存在三种运输形式：江海直达运输形式、江海中转运输形式和载驳运输形式。江海联运减少了中间船舶的转运过程，因此可以缩短货物运输周期、减少损耗，从而提高运输效率、降低运输成本。江海联运因能够打通内河运输和海洋运输两个独立的体系，把海港的效应释放到广阔的长江流域，因而更具成本和效率优势，有望提升"黄金水道"的运输效能。

（二）五大自贸区协同发展之江海联运的合作

1. 江海联运协同发展的意义

习近平总书记在多个场合谈到长江经济带建设，都强调"协同发展"——"长江流域要加强合作，充分发挥内河航运作用，发展江海联运，把全流域打造成黄金水道""要增强系统思维，统筹各地改革发展、各项区际政策、各领域建设、各种资源要素，使沿江各省市协同作用更明显"。

沿长江流域五大自贸区的协同发展离不开相互间在江海联运方面的深入合作。各自贸区要积极推进与周边港口间的合作发展，在合作发展中做到优势互补、合作共赢、错位发展，避免形成恶性竞争的局面。五大自贸区应秉承"合作、开放、共享"的理念，以更加积极主动的姿态，加强与沿江城市的精诚合

作，统筹推进港口资源整合，优化功能分工和基础设施布局，共同推进区域海关、检验检疫等通关一体化建设与管理，共同搭建信息资源共享平台，共同组建江海联运直达船队，提升"海进江""江出海"运输效率，实现沿江沿海港口的优势互补、合作共赢、协调发展。

2. 江海联运、协同发展的现状

打破"一亩三分地"思维定式，近年来，合作联动、互利共赢的协同发展机制在探索中推进、在创新中加强。

舟山港与沿江其他港口开展江海联运方面的紧密合作。2015年4月15日，交通运输部长江航务管理局与舟山市政府共同倡议，重庆、宜昌、武汉等长江沿线各主要港口与舟山港共同发布有关江海联运港口联盟的《舟山宣言》，内容主要包括：推进宁波—舟山港口一体化发展，加强与上海国际航运中心深度合作，探索建立长江经济带港航物流联盟，实现错位发展、差异发展、协同发展和共同发展。如今，舟山与武汉、马鞍山、重庆等主要港口城市签订合作协议，已经形成了一条贯穿长江，以运输铁矿石、粮油、矿建材料为主的长江黄金水道。

上海港与沿江其他港口开展江海联运方面的紧密合作——上港集团在宜宾、重庆、长沙、武汉、九江、芜湖、南京、太仓等长江流域的重要节点城市均投资设有港口尤其是集装箱码头。作为友好协商的载体，2017年7月20日，14家港航企业共同发起成立长江经济带航运联盟，重点加强区域港航信息一体化、集装箱、散杂货、液货和滚装等货物实行江海联运，建设船型标准化、绿色港口和航运体系，以及维护航运市场有序稳定发展等领域交流合作。

（1）江海联运——上海与浙江的合作。

上海港位于长江入海口，地理位置优越，腹地辐射长江三角洲和长江流域，货源、市场、集疏运等优势显著。宁波—舟山港自然条件得天独厚，拥有深水岸线约333千米，港口建设可用岸线约223千米，其北仑港区的北面、东面和南面被舟山群岛环绕，形成天然屏障，港内水深浪小，不冻不淤，是我国内地拥有大型和特大型深水泊位最多的港口。

上海港和舟山港海域都位于长江黄金水道与我国沿海主通道的交汇处，都可以进行江海联运，带动长江经济带的发展，二者在货源、港口地位、深水资源和价格等方面都存在竞争关系。二者同属长江三角洲港口，又存在合作关系。上海想要尽快成为一个真正的国际航运中心，就需要现代化的深水港、完善的集疏运体系等，这些都离不开舟山港的合作和支持；而作为新兴发展的港口，宁波舟山港虽地处长三角地区，但在与大型港口如上海港竞争时，货源容易被分流，而且在港口发展水平、现代化程度和基础设施等方面均与上海港存在不小差距，缺少竞争优势，因此舟山港的发展也离不开上海港的良性竞争和合作。

宁波—舟山港和上海港应在江海联运方面充分发挥各自优势，加强协同发展。浙江应积极推进宁波—舟山港与上海港的战略合作，积极接轨上海国际航运中心以及中国（上海）自由贸易试验区的建设；把舟山大宗商品交易中心纳入江海联运的揽货平台，推进江海物流信息共享和业务的统配机制。上海推动江海联运，需要在国际航运中心建设的框架下，加快"三个体系"的建设：搭建市场化的港口利益联盟体系，形成"黄金水道"利益共同体，从而减少江海联运障碍，保证货源供应；积极打造以上海为中心的江海联运转运体系；完善上海国际航运中心的投融资体系。

（2）江海联运——浙江与湖北的合作。

2016年9月19日上午，舟山江海联运服务中心对接长江经济带战略协作会在武汉召开，会议签订了《舟山市人民政府武汉市人民政府战略合作协议书》，并达成了《舟山江海联运服务中心对接长江经济带战略（武汉）共识》。

武汉港地处长江干线中游、长江经济带的中心位置，拥有独特的航运区位优势及港口资源条件，以及广阔的经济腹地和雄厚的经济基础，这些条件使武汉港逐步发展成为长江流域的储备、集散基地、物流中心和内河航运中心。武汉港独特的区位优势、优越的建港环境、发达的水运体系，为连接长江两岸、实现东中西部地区优势互补和联动发展发挥着重要的作用。舟山港与武汉港各自的港口区位优势以及舟山港域与武汉港间大量的货物往来为两港之间的合作提供了基础条件。此外，武汉长江中游航运中心的建设为两港间的合作提供了保障。

加强舟山港域与武汉港的合作是构建江海联运服务中心的重要内容，两港优势互补的合作既有利于长江中上游港口协同发展，又有利于实现长江中上游区域经济快速发展。具体合作意义如下：第一，有利于实现区域港口协同发展，合力打造大港、强港；第二，有利于拓展舟山港域的经济腹地，优化武汉航运物流体系；第三，有利于提升武汉港的竞争力，积极应对重庆港的竞争。

在江海联运的背景下，舟山港域与武汉港应该充分发挥自身区位、资源、产业等优势，深化在物流运输体系、现代航运服务、自贸区建设、信息网络互联互通、科研成果应用等方面的交流合作，可以在金融、货源、船舶、人才吸引等方面展开深层次的合作，共同营造一个良好的政策、市场、技术、人才环境，充分发挥港口企业的合作自主性，实现优势互补、协同发展。

（3）江海联运——重庆与上海的合作。

重庆港地处我国中西结合部，水路可直达长江八省二市，陆路与成渝、襄渝、渝黔、渝怀铁路相连，并与成渝、渝黔、重庆至武汉、重庆至长沙等高速公路相连，是长江上游最大的内河主枢纽港，现为全国内河主要港口。

重庆东向的对外贸易国际物流大通道主要是"长江—上海"江海联运的水路通道，经上海转港至世界各地。这一传统的江海联运物流大通道依然在重庆对外贸易中发挥着重要作用。重庆市统计局的数据显示，2015 年重庆市水运货运量实现 15039.60 万吨，水运货物周转量 1700.08 亿吨千米，重庆与美洲国家进出口总额为 188 亿美元，与日韩两国的进出口总额为 94 亿美元，这两个地区占全部进出口总额的 37.9%，重庆与这些地区之间的国际贸易大部分是通过江海联运物流大通道完成的，可以看出，江海联运物流大通道在重庆市对外贸易中发挥着重要的作用。重庆已开通渝沪"五定班轮"（定期、定时、定点、定价、定线货运轮船），并已实现重庆与部分大陆沿海港口江海联运。重庆寸滩港已开通重庆至上海、厦门、深圳等地江海联运航线，长江上游已初步具备江海联运的内河航行条件。

（4）江海联运——四川与湖北、上海的合作。

泸州港处于四川省内长江黄金水道下游，是四川建设西部经济发展高地的一个重要通道，是中国（四川）自由贸易试验区川南临港片区的组成部分，是四川第一大港，是全国 28 个内河主要港口，是四川省唯一的国家二类水运口岸，是进境粮食指定口岸，并拥有保税物流中心。

目前，泸州东向开放江海联运已颇具特色。现中远、中外运、民生轮船等 5 家公司在泸州港稳定开行泸州—武汉、上海集装箱班轮，每周 30 余班。此外，泸州与上海、南京、武汉等港口分别开通"泸州—武汉—台湾""泸州—武汉—洋山""泸州—南京—日本"等数条江海联运近洋航线；"泸州—南京""泸州—武汉""泸州—上海"等内河航线。2017 年 4 月 1 日，中国（四川）自由贸易试验区川南临港片区揭牌，随着自贸区的建成，越来越多的货物从泸州港发往各地。通过加强与长江中下游港口的合作交流，打通江海联运物流通道，泸州港在巩固自身地位的同时，也带动了与之合作的武汉、上海等城市的经济发展，实现了合作共赢。

目前，上海与浙江、重庆、四川，浙江与湖北，湖北与四川间的货物运输主要以水路运输为主，而武汉与重庆之间主要以公路运输为主，重庆与四川主要靠成渝铁路运输为主。湖北武汉、重庆、四川成都位于长江流域的中上游，又都是内陆城市，由于地理位置特点，更适合发展水陆空多式联运物流体系。因此，我们可以把江海联运作为推动沿长江流域五大自贸区协同发展的主要力量，并在此基础上，发展水陆空多式联运，构建综合立体的交通体系，从而实现五大自贸区又好又快发展。

四、政策建议

（一）功能优势互补，实现五大自贸区协同发展

沿长江流域五大自贸区的地理位置、人文背景和历史现实上的差异铸就了不同自贸区各自不同的特色，同时也形成了它们各自在功能定位上的不同。五大自贸区要想加快发展，首先要突出各自的特色，并不断地发挥、强化自己的优势；其次，学会在功能定位上实现优势互补，形成合作联动、互利共赢的协同发展机制。比如，上海作为我国的第一个自贸区，各方面的制度规范发展得都比较成熟，其他自贸区就可以发挥后发优势，向上海自贸区学习一些"可复制、可推广"的经验；此外，作为国际金融中心的上海，金融创新和科技创新走在了其他自贸区的前列，是其他自贸区学习的典范。又如，湖北自贸区和重庆自贸区在"制度创新"表现突出，在制度创新方面薄弱的其他自贸区应该向它们学习经验。再如，四川作为区域性综合交通枢纽的地理位置，为其他自贸区开展国际贸易提供了便利。

（二）推动制度创新，改善营商环境，实现自贸区与周边城市联动发展

五大自贸区应该将制度创新摆在发展的核心地位，要不断推进贸易便利化和投资便利化、金融管理与服务创新，从而改善整体营商环境，最终达到实现五大自贸区与其周边城市联动发展的目的。具体可以采取以下措施：一是实施高效的退税政策；二是通过深化行政审批制度改革，最大限度地取消行政许可事项，建立行政审批事项目录，做到"目录之外无审批"；三是加强对外籍投资者的便利度；四是强化商事制度改革。

（三）依托江海联运，推动五大自贸区联动发展

从上文分析可知，江海联运是提升长江"黄金水道"运输效能的最有效方法，也是带动长江经济带发展的中坚力量。而上海自贸区、浙江自贸区、湖北自贸区、重庆自贸区、四川自贸区由于都处于长江流域，相比于其他自贸区存在着地理位置上优越性，更适合发展江海联运。五大自贸区应依托江海联运来推动五大自贸区间的联动发展，可采取如下措施：

一是加快上海、武汉、重庆三大航运中心建设。随着上海自贸区的率先运行

和湖北自贸区、重庆自贸区的跟进，三大航运中心地位和作用会越来越重要。通过加强基础设施建设和政策扶持，整合港口资源，加快形成以上海、武汉和重庆为中心的港口群，形成一体化的港口系统。推进上海港、宁波—舟山港和长江下游海港区的功能提升和资源优化，积极推进沿江专业化、规模化港区建设，完善港口集疏运通道，实现上海国际航运中心与武汉长江中游航运中心、重庆长江上游航运中心以及南京、芜湖、九江、岳阳、宜宾等长江航运物流中心的联动发展。

二是加强航道建设。要依托黄金水道建设长江经济带，既要加快形成干支流协调的高等级航道系统，扩大三峡枢纽的航运通过能力，也要提高港口现代化水平，合理布局过江通道。下游要加快实现 12.5 米深水航道延伸至南京；中游实施荆江河段系统整治工程，提升长江中游航道通航标准；上游推进宜宾至水富段三级航道整治工程，让千吨级船舶尽快通达云南水富。

三是完善多式联运集疏运体系，建设立体交通走廊。加快港口与铁路、公路、航空、内河、管道等枢纽衔接，形成以江海联运为主，海铁、海公、海河、海管联运等为补充的多式联运体系，为五大自贸区的发展创造高效、便捷、安全的综合运输条件。

四是要联合开展港航分工合作，实现重要港口联动发展。舟山港与上海港以及南京港、武汉港等长江黄金水道重点港航集团应积极开展合作，共建港口泊位，合力开展江海联运集疏运分工，共同研发适合江海联运发展的船舶，开展长江中上游"无水港"建设。协同建设舟山、江苏沿江、芜湖、马鞍山、安庆、九江、黄石、荆州、宜昌、岳阳、泸州、宜宾等江海联运配套中转泊位、分拨堆场、保税仓库等设施。

五是建立江海联运大数据平台。实现货物运输数据的互联互通，依托数据明确运行机制中存在的问题，制定相应的解决方案。

第三章

上海自贸区与浙江自贸区协同创新

第一节 上海自贸区和中国的自贸港建设

2013 年 9 月，改革开放 35 周年之际，上海自贸区正式挂牌成立。自贸区的成立，一方面为新一轮改革开放打头阵，为化解国内产能过剩问题和促使产能结构升级；另一方面为增强中国在新国际经贸规则制定中的话语权和进一步融入经济全球化而进行探索（竺彩华、李锋，2016）。[①]

上海自贸区自成立以来，在行政审批、贸易、金融等各方面推陈出新，其中不少成功的改革经验已在全国其他地区复制和推广。对于自贸区"境内关外"的特殊性质，实行"一线放开、二线管住"的事中事后监管制度，首次在贸易投资领域采用了负面清单管理模式，进行企业注册认缴制改革、实施外商投资和境外投资备案制，采用"先照后证"与"证照分离"为企业商事登记提供便利。同时，在货物报关程序上也对传统做法进行了一系列优化，实行先进区后报关、区内货物自行流转、批次进出和集中申报等多项新制度，大幅提高了货物流通效率。上海作为金融中心，自贸区的金融改革也取得了多项成就，如跨境人民币双向资金池的开通、自贸区 FT 账户的成立、区内外债宏观审慎管理等。

但上海自贸区的建设随后也进入了一段"瓶颈"期。2015 年 10 月，上海自贸区"金改 40 条"[②] 正式印发，指明了自贸区成立两年后金融领域深化改革的

---

① 竺彩华，李锋. 上海自贸区建设的主要成就与问题分析 [J]. 亚太经济，2016 (01).

② 2015 年 10 月 30 日，中国人民银行会同商务部、中国银监会、中国证监会、中国保监会、国家外汇管理局和上海市人民政府，正式联合印发《进一步推进中国（上海）自由贸易试验区金融开放创新试点加快上海国际金融中心建设方案》（简称"金改 40 条"）。

方向。然而"金改 40 条"的实施却停滞不前，大部分政策并未真正落地。而随着已有的金改成果在全国推广，到 2016 年末，除 FT 账户这一上海自贸区内特有业务外，自贸区金融政策与全国已基本一致（郭嘉沂等，2018）。

此外，上海自贸区建设涉及众多部门，对相关部门之间的政策沟通和协调提出了较高的要求。但众多部门的利害关系并不完全一致，导致其为自贸区建设所提供的政策支持落后于改革所需的步伐，改革到了一定程度难以深入推进（张磊，2017）。①

在自贸区改革无法冲破现有瓶颈时，2017 年 3 月国务院印发《全面深化中国（上海）自由贸易试验区改革开放方案》（下称《全改方案》），指出"在洋山保税港区和上海浦东机场综合保税区等海关特殊监管区域内，设立自由贸易港区"。

随后，2017 年 10 月，党的十九大报告指出，"赋予自由贸易试验区更大改革自主权，探索建设自由贸易港"。2018 年 3 月，政府工作报告提出"要全面复制推广自贸区经验，探索建设自由贸易港，打造改革开放新高地"。

中国的自贸港建设对内是为突破自贸区建设困境，对外也肩负着重要的使命，探索自贸港建设是我国推动全面开放新格局的重要一环。我国为不断提高对外开放水平以及参与国际经济治理的能力，采取了诸多有力行动，如提出"一带一路"倡议、推动多边经贸合作机制谈判、放宽多个市场领域准入限制等。所以自贸港的规划建设也应该在我国深化改革开放合作的大背景下展开（秦诗立，2018）。②

一、国内外自贸港建设经验

对于自贸港的定义，时任国务院副总理汪洋在《人民日报》发表的署名文章中提出，"自由港是设在一国（地区）境内关外、货物资金人员进出自由、绝大多数商品免征关税的特定区域，是目前全球开放水平最高的特殊经济功能区。中国香港、新加坡、鹿特丹、迪拜都是比较典型的自由港"。③ 研究已有国际自贸港的建设经验，对中国的自贸港建设将有一定的借鉴意义。

---

① 张磊. 上海自贸港建设的突破性与可持续性［J］. WTO 经济导刊，2017（11）.
② 秦诗立. 理性看待自由贸易港创建［J］. 产经纵横，2018（4）.
③ 汪洋. 推动形成全面开放新格局［N］. 人民日报，2017 - 11 - 10.

（一）新加坡自贸港

1969 年 9 月，随着新加坡"自由贸易区法令"颁布，新加坡境内第一个自由贸易区在裕廊成立。1996 年 9 月，新加坡政府正式在樟宜国际机场设立了自由贸易区，主要负责货物空运。目前新加坡境内除樟宜机场自贸区外，还设有 6 个自贸区，区内以海运货物为主。

1. 贸易

新加坡自贸港的贸易往来非常自由，除了极少数物品受到进出口管制外，几乎没有限制。货物在新加坡各自贸区内可以自由转运，但在各自贸区之间的流通则会受到当地海关的监控。

新加坡海关为确保货物在境内各自贸区高效流通，设立 24 小时工作的海关检查站以确保自贸区可 24 小时全天候运作，同时利用信息化技术为自贸区提供便捷的通关手续。高度整合的信息统一监管系统很早就在新加坡被用于贸易与投资便利化建设中，于 1989 年推出贸易管理电子平台贸易网（赵晓雷等，2017）。[①] 新加坡自贸区所涉及的海关、检验检疫、税务、经济发展局、企业发展局等 35 个政府部门，都可连接该贸易网实现数据共享。这也意味着，自贸区内进出口货物的申请、报关、审核、管制等相关流程都可在同一个贸易网平台上完成，各政府部门在网络上互相协作，实现无纸化高效监管。2016 年，新加坡又推出了新的一站式全国贸易信息平台（National Trade Platform）。该平台于2018 年启用并代替原有的贸易网。

2. 金融

新加坡现有的金融模式允许离岸账户与在岸账户之间在一定条件下双向渗透（李猛，2018）。[②] 被许可的特定金融机构在兼营离岸金融业务时，需要开设单独的账户，使新元账户与外币账户完全分离，从而实现在岸金融市场与离岸金融市场的分离，保护在岸金融市场免受自贸区活跃的离岸资本进出活动所带来的冲击，以维护国内金融秩序稳定。

但同时，新加坡政府也出台了一系列优惠政策来吸引海外资金，拓展各个自贸区的离岸金融业务。例如，在离岸金融市场税收政策方面，取消与汇票、信用证等国际业务相关的印花税，免除境内非居民外汇存款利息扣除税，调整商业银行离岸金融业务的盈利税等。此外，1978 年起新加坡就已经完全取消外汇管制，

---

① 赵晓雷，邓涛涛，刘江华. 国际先进自贸区区港一体化模式借鉴 [J]. 中国外汇，2017 (24).

② 李猛. 建设中国自由贸易港的思路——以发展离岸贸易、离岸金融业务为主要方向 [J]. 国际贸易，2018 (4).

外币资本可在新加坡自由进出、自由兑换，新加坡也因此成为重要的国际外汇市场之一。

3. 税收

在商品进口关税方面，除烟酒、石油等少数商品以外，新加坡自贸港几乎免征关税。与进出口业务相关的国际运输服务、货物装卸、保险等服务均在港内享受零税率。

在企业所得税方面，新加坡政府对内外资企业一视同仁，实行统一的企业所得税政策，企业所得税税率设定为 17%。纳税对象包括在新加坡注册的本国企业和外国企业、不在新加坡注册但有来源于新加坡属地的应税收入的外国公司（不包括合伙企业和个人独资企业）。同时新加坡自贸港还伴有一系列的企业税赋优惠政策促进企业投资行为，例如自 2010 年起，所有企业可享受前 30 万新元应税所得部分免税，具体来说，普通企业前 1 万新元所得免征 75% 税额，后 29 万新元所得免征 50% 税额；对部分符合条件的企业则给予前 10 万新元所得免征全部税额，后 20 万新元所得免征 50% 税额。

（二）中国香港自贸港

香港自贸港历史悠久，奉行自由贸易政策。香港自贸港地理位置优越，既是亚太地区的要塞，也是欧洲、非洲与东南亚海上贸易的要道。其自贸港的范围遍布整个香港特区。

1. 贸易

香港的贸易管制也极少，除个别商品外，货物可以自由流通。

早期香港的贸易模式以传统的港口运输为主，利用天然的港口地理优势，集中进行各类货物的高效转运或直接运输。随着进出口贸易经验的不断积累，香港的国际贸易模式逐渐向以离岸贸易为主的港口城市贸易发展，不少公司在当地的主营业务就是离岸贸易，扮演着贸易中间商的角色（李猛，2018）[①]。相比于传统贸易模式，离岸贸易更容易集中不同的资源降低进出口贸易成本，而业务资金结算作为离岸贸易的核心，也因此带动了离岸金融业在香港的发展壮大。

在香港特区政府支持离岸贸易的政策方面，不征收从事离岸贸易业务的企业所得税，而普通企业所得税为 16.5%。离岸贸易间接税也被免征。同时，与离岸贸易相关的利得税、预扣税和印花税也免征，这点与新加坡政府的政策相

---

① 李猛. 建设中国自由贸易港的思路——以发展离岸贸易、离岸金融业务为主要方向 [J]. 国际贸易，2018（4）.

一致。

上海与香港同样具有港口地理优势，因此香港自贸港从传统港口贸易到离岸贸易的发展经验对上海自贸港建设将会有较强的借鉴意义。

2. 金融

不同于新加坡的模式，香港的在岸金融市场与离岸金融市场并没有分割，而是内外一体。海内外商业金融机构在香港拥有同等的市场准入门槛、享受同等的金融市场监管规则和政策。香港政府开放的金融政策促使当地的离岸金融业务十分发达。例如大陆企业只需参照在内地发行企业债券的相关规定，就可进入香港市场发行人民币债券得到融资；企业可自由兑换人民币且人民币在不同银行账户之间可以转账。外汇管制方面，香港也较为宽松，各种货币在香港可以自由买卖和兑换。

尽管对离岸金融市场实行开放性原则，香港特区政府依然设立了较为完善的金融监管体系以确保市场的健康运作，维持地区金融市场秩序。但为保证离岸金融市场的开放性和自由性，对其日常监管则由具体负责部门来进行，尊重市场规律和市场自我调控作用，只有在必要时候特区政府才会对市场进行干预。

3. 税收

香港作为成熟的国际自贸港，实行零关税政策，除酒类、烟草、碳氢油类及甲醇四类商品以外，其余货物均可自由进出港口。

对于企业所得税，香港自贸港的税赋水平低，在世界上极其富有竞争力，因而也吸引了大批跨国公司在香港聚集。[1] 香港特区的税收政策具有税率低、税种少的特点。有限公司的利得税税率为16.5%，非有限公司的利得税税率为15%，这一税率低于世界上大部分国家和地区。除利得税外，香港还设有薪俸税和物业税等直接税种。香港没有营业税与增值税，企业境外所得利润也无须纳税。

新加坡和中国香港两地的自贸港建设机制完善且发展成熟，是自贸港建设的国际标杆。一方面，国际上各个不同的自贸港虽然各自在运营方式、功能定位、政府政策等方面存在差异，但更大程度上国际自贸港都具有一些相同的特点和一套共通的发展模式，例如货物进出口免税政策、通关便利化、"境内关外"管理原则、税收优惠政策、放松金融管制等。因此无论是新加坡还是中国香港，包括世界其他自贸港，在总体发展架构上对于中国内地的自贸港建设都

---

① 商务部国际贸易经济合作研究院课题组．中国（上海）自由贸易试验区与中国香港、新加坡自由港政策比较及借鉴研究［J］．科学发展，2014（9）．

是具有借鉴意义的。

但另一方面，在一些具体建设环节上，中国内地的自贸港建设需要借鉴国际自贸港的更适合自身情况的做法，如通关便利化建设，国际自贸港现有的两种代表性模式中，一种是以美国为代表的机构整合模式，即将海关、检验检疫等政府机构整合为一个新的部门来提高通关效率；另一种则是以新加坡为代表的数据整合模式，通过网络平台连接政府各职能机构来实现信息共享和提高效率。相比之下，新加坡模式更适合中国的自贸港。而在上海自贸区建设中，上海的确也采用的是新加坡模式。再如自贸港内的金融建设，新加坡采用分离渗透模式，有效地在自贸港离岸金融市场与本国在岸金融市场之间设立了一道屏障，保护国内金融市场的稳定。新加坡并非全境自贸港，因此有必要使境外自由与境内管制同步进行。上海自贸区同样是在上海市局部地区建立，那么在建设离岸金融市场的过程中就十分有必要参考新加坡的做法。再如香港自贸港发达的离岸贸易市场，由最早的简单转口贸易模式逐步发展而形成，并随之带动了离岸金融业务在港内的蓬勃发展，使其成为一个成熟的综合国际自贸港。上海自贸区依托优越的港口地域优势和金融资源，可学习香港自贸港的离岸贸易模式发展经验，努力发展自贸港离岸贸易以实现在全球价值链地位中的转型升级。

二、中国的自贸港定位：对标国际最高水平

表 3 - 1 梳理和对比了以中国香港、新加坡为代表的国际成熟自贸港运营经验和上海自贸区建设所取得的阶段性成果。从表 3 - 1 中我们可以看到，成熟的自贸港，货物进出自由、资金跨境流动自由，是目前全球最为开放的经济区域。上海自贸区在设立的初衷是作为"试验田"，要形成能够向全国"可复制、可推广"的改革开放经验。但自贸港的战略定位有所不同，其将是我国全面开放的新高地，直接对标了全球经济最高的开放水平（魏建国，2018）[①]，目的是要在内陆地区货物和资本市场短时间内无法完全实现跨境自由流动的情况下，以自贸港为龙头，率先在小范围内参与全球经济资源配置，提升在全球经济治理中的话语权和地位（郭嘉沂，2018）。建立中国的自贸港的蓝图虽在已有上海自贸区的基础上提出，但也不是上海自贸区的简单升级，而是向国际最高水平看齐。

---

① 魏建国. 自贸港不是自贸试验区的简单升级 ［N］. 经济日报，2018 - 01 - 25（15）.

表 3-1   新加坡、中国香港与上海自贸区比较

	分类	新加坡	中国香港	上海
贸易	贸易管制	极少	极少	负面清单对外商限制仍然较多
	通关效率	信息化"一站式"电子通关	多项通关便利计划"多管齐下"	设立单一窗口，实行无纸化通关手续
	产业带动	自贸港带动国内产业联动发展	离岸贸易带动离岸金融等高附加值产业发展	致力于发展离岸贸易以实现在全球价值链分工中的转型升级
金融	在岸、离岸业务	分离渗透型	内外一体型	离岸业务尚未成熟
	外汇管制	无	无	FT账户内，人民币与外汇一定程度上可自由兑换
	金融监管	分类许可证制度	事前监管为核心	一行三会共同监管下的"一线管住，二线放开"
税收	促进贸易	免征关税（如烟草、酒类、汽车、石油除外）	免征关税（如烟草、酒类、甲醇、碳氢油除外）	部分融资租赁项目税收优惠、保税区延伸税收优惠
	促进投资	税率17%，外加多种企业所得税优惠政策	税率16.5%，外加多种企业利得税减免政策	递延纳税政策

资料来源：编者根据商务部国际贸易经济合作研究院课题组2014年发表的文章《中国（上海）自由贸易试验区与中国香港、新加坡自由港政策比较及借鉴研究》与中国（上海）自由贸易试验区网站 http://www.china-shftz.gov.cn/Homepage.aspx 整理归纳得出。

　　上海自贸区在推进贸易便利化方面所取得的诸多成就，尤其是符合国际贸易最高标准的"单一窗口"的成功推行，极大地缩小了与国际高水平自贸港的差距。中国的自贸港建设需尝试进一步放松贸易管制，直至完全取消，达到成熟自贸港的水平，实现真正的"境内关外"。但纵观上海自贸区金融改革的步伐，则明显要落后于贸易改革。"金改40条"难以推动，负面清单过长，资本账户可兑换程度低。因此未来中国的自贸港建设必须要努力在金融市场准入、外汇自由流动、资本账户可兑换等方面实现突破，才能向国际一流自贸港靠拢，使港内金融改革步伐能够与贸易改革步伐相一致，金融开放与贸易开放配套。

第二节　浙江自贸区建设

　　建设自由贸易试验区，是党中央、国务院在新形势下推进改革开放的重大举

措。自 2013 年 9 月 29 日上海自贸区成立以来，已先后批准成立三批自由贸易试验区。作为第三批建设的自贸试验区之一，浙江自贸区立足国内、面向国际，就推动大宗商品贸易自由化、提升大宗商品全球配置能力进行探索，将在投资开放性、贸易便利性、金融要素流动性和功能集成化等方面，建设开放程度最高的自由贸易试验区。

一、浙江自贸区建设背景和目标

（一）浙江自贸区建设背景

浙江自贸区由陆域和相关海洋锚地组成，总实施范围 119.95 平方千米，包含三个片区：舟山离岛片区 78.98 平方千米（含舟山港综合保税区区块二 3.02 平方千米），舟山岛北部片区 15.62 平方千米（含舟山港综合保税区区块一 2.83 平方千米），舟山岛南部片区 25.35 平方千米。

舟山市位于浙江省东北部，陆地面积 1440.12 平方千米，人口约 116.8 万人。舟山地理位置优越，东临东海、西靠杭州湾、北面上海市，是环杭州湾大湾区核心城市、长江流域和长江三角洲对外开放的海上门户和通道，与亚太新兴港口城市呈扇形辐射之势。同时，舟山是全国唯一一个以群岛设市的地级行政区划，下设定海区、普陀区、岱山县和嵊泗县（两区两县）。

近年来，舟山市陆续承接了舟山群岛新区、江海联运服务中心等一系列国家重大战略举措。2011 年 3 月 14 日，舟山群岛新区正式写入"十二五"规划，规划瞄准新加坡、中国香港等世界一流港口，要拉动整个长江流域经济。2011 年 6 月 30 日，国务院正式批准设立浙江舟山新区。就此，舟山成为继上海浦东新区、天津滨海新区、重庆两江新区后的又一个国家级新区。2013 年 1 月 23 日，国务院正式批复了我国首个以海洋经济为主题的国家战略性区域规划——《浙江舟山群岛新区发展规划》，明确了舟山群岛新区作为浙江海洋经济发展先导区、全国海洋综合开发试验区、长江三角洲地区经济发展重要增长极"三大战略定位"和中国大宗商品储运中转加工交易中心、东部地区重要的海上开放门户、重要的现代海洋产业基地、海洋海岛综合保护开发示范区和陆海统筹发展先行区"五大发展目标"。

2016 年 4 月 27 日，国务院批复原则同意设立舟山江海联运服务中心。其片区涵盖了舟山群岛新区全域以及宁波市北仑、镇海、江东、江北等区域，陆域面积约 2500 平方千米，海域面积约 2.1 万平方千米。舟山江海联运服务中心区位优势独特，深水港口资源丰富，江海联运服务优势明显，大宗商品中转储备交易基础良好。设立舟山江海联运服务中心将促进江海联运发展，提高长江黄金水道运输效率，增强国家战略物资安全保障能力，对于实施长江经济带发展战略，推动21世纪海上丝绸之路的衔接互动，推动海洋强国建设具有重要意义。同时，江海联运服务中心投身科研，敢于创新，研发江海直达船舶。2016年4月5日，满载着2万吨铁矿砂的"江海直达1"号从舟山鼠浪湖矿石中转码头启程首航，由海进江航行约360海里直抵马鞍山港，于9日下午顺利靠泊马钢码头。该船在长江密集的航道上能灵活应对各种情况，安全性远超普通进江海船，且全程无需卸载转驳，大大提高了转运效率。同时，根据测算，该船型比同类进江海船造价低约10%，载重量增加约13%，能耗降低约12%，大大节约了造船成本，最大程度上减少了资源损耗以及对长江的污染。

在舟山群岛新区、江海联运服务中心等战略的顺利推行中，《中国（浙江）自由贸易试验区总体方案》（简称《总体方案》）于2017年3月31日正式出台，浙江自贸区落户舟山。《总体方案》指出，建立浙江自贸区是党中央、国务院做出的重大决策，是新形势下全面深化改革、扩大开放和提升我国资源配置全球竞争力的重大举措。作为第三批建设的自由贸易试验区，浙江自贸区的设立不仅对于国家"一带一路"倡议和长江经济带的发展有重要意义，同时更具有国家战略层面的意义。

（二）浙江自贸区建设目标

浙江自贸区以制度创新为核心，以可复制、可推广为基本要求，将以自贸试验区转变政府职能、油品全产业链投资便利化和贸易便利自由化、通关监管领域体制机制创新事项以及金融管理领域体制机制创新四方面作为浙江自贸区的发展方向。

自贸试验区转变政府职能方面。政府职能转变是自贸试验区试点任务改革重要的内容之一，在发展浙江自贸区的过程中，将进一步深化行政体制改革，深入推进简政放权、放管结合、优化服务改革；将建立统一开放的市场准入和高标准监管制度，依法履行行政监督管理职责，加强与负面清单管理体制相适应的事中事后监管体系建设；将进一步提升外资利用水平，按照内外资一致的原则充分开放，负面清单外领域的投资项目和外商投资企业设立及变更实行备案制，由浙江自贸区负责办理。

油气全产业链投资便利化和贸易自由化方面。油气全产业链投资便利化和贸易自由化是建设浙江自由贸易试验区的核心。在浙江自贸区内推行油品准入资质，同时建设以保税燃料油供应为核心的国际海事服务基地和国际油品储运基地，供应保税燃料油，加快拓展国际船舶管理服务，提升国际航运服务功能，建设国际石油基地，打造功能完善、品种齐全的油品自由贸易平台。为了全面提速油品全产业链建设，浙江自贸区制定了《浙江自贸区"131"三年行动计划（2018－2020年）》，在现有基础上，建设国际油品交易中心、国际海事服务基地、国际油品储运基地、国际石化基地，以及建设人民币国际化示范区。就贸易自由化而言，浙江自贸区将着力拓展新型贸易投资方式，优化完善区域矿石接卸系统布局，建设国际矿石中转基地。以大型干线飞机完工和交付为核心，大力发展航空制造、维修、研发设计及配套产业，对接国际航空产业转移，打造舟山航空产业园。

通关监管领域体制机制创新方面。为支持浙江自贸区试点建设，海关总署将创新海关监管制度，促进自贸试验区贸易便利化；将实施保税监管改革，促进自贸试验区加工贸易创新发展；将支持新型贸易发展，促进自贸试验区稳增长调结构；将助推海洋经济发展，提升大宗商品全球覆盖能力；将培育法制化营商环境，维护自贸试验区公平公正。

金融管理领域体制机制创新方面。浙江自贸区金融管理领域体制机制创新得到中国人民银行的支持，不仅鼓励发展人民币跨境业务，推进外汇改革创新，同时结合浙江自贸区特点，探索适合浙江自贸区的账户管理体系，推动油品全产业链的发展。创新保险产业政策制度和银行业监管制度，更好地为浙江自贸区内企业提供金融服务。

经过三年有特色的改革探索，浙江自贸区基本实现投资贸易便利、高端产业集聚、法治环境规范、金融服务完善、监管高效便捷、辐射带动作用突出，以油品为核心的大宗商品全球配置能力显著提升，对接国际标准初步建成自由贸易港区先行区。未来将建设成为东部地区重要海上开放门户示范区、国际大宗商品贸易自由化先导区和具有国际影响力的资源配置基地。

二、浙江自贸区建设现状

自2017年成立以来，浙江自贸区始终围绕以制度创新为核心，在油品全产业发展、制度改革以及金融发展方面均取得重大突破，逐步形成浙江自贸区的建设特色，并以此为基础总结积累出建设油品产业、推进制度创新及促进金融发展等方面的可复制、可推广的建设经验。现如今，浙江自贸区已将舟山港建设成为中国第一加油港，保税燃油加注量预计可达450万吨。同时，在制度创新方面，浙江自贸区率先全面实施证照分离等惠民政策及"最多跑一次"改革，让普通百姓可以从浙江自贸区建设中尝到甜头。而在航空业建设方面，目前波音已与中国航空工业集团等企业签署了创新合作协议，未来不久，波音的首个海外完工和交付中心将在舟山建成。在金融发展方面，越来越多的金融机构进驻浙江自贸区，给予的金融服务支持和资金支持将逐步增强。

（一）油品全产业链建设风生水起

浙江自贸区是全国唯一以油气全产业链建设为特色的自贸试验区，自贸试验区的工作重点是建设"一中心三基地一示范区"，即国际油品交易中心、国际海事服务基地、国际油品储运基地、国际石化基地和大宗商品跨境贸易人民币国际化示范区。自 2017 年 4 月挂牌以来，不断优化营商环境，全力推进重大项目建设，以保税油供应为突破口，油气全产业链建设不断提速。

出台《国际航行船舶保税燃油供应业务操作规范》等系列规章制度，打造"一中心三基地一示范区"。在《国际航行船舶保税燃油供应业务操作规范》的出台，既弥补了国内该领域的制度空白，更实现了跨关区、跨港区保税油直供业务的突破。

立足浙江自贸区，着力推广油品改革创新成果。在国务院下发的《关于做好自由贸易试验区第四批改革试点经验复制推广工作的通知》中，浙江自贸区共有6 项改革创新成果将推广全国，其中包括 5 项油品改革创新成果，分别是简化外锚地保税燃料油加注船舶入出境手续、外锚地保税燃料油受油船舶便利化海事监管模式、保税燃料油供油企业信用监管新模式、保税燃料油供应服务船舶准入管理新模式和外锚地保税燃料油受油船舶"申报无疫放行"制度。

海关部门协作，助力推动保税燃油贸易快速增长。为了推进浙江自贸区探索油品全产业链投资贸易便利化，杭州海关先后推出了"跨地区直供""一船多供""同商品编码下保税油品混兑""不同税号保税油品混兑"、绿色石化项目进口油品"即报即放"等 12 项措施，促进保税燃料油业务快速发展。同时，通过一个受理平台，保税燃油加注在智能监管体系下，整体通关时间压缩了1/3 以上。

一系列创新举措，让舟山保税油供应风生水起。据统计，自成立以来的 1 年内，浙江自贸区实现保税油供应突破200 万吨（其中跨关区供油63.1 万吨），同比翻一倍；保税油调拨量588.1 万吨，同比增长 27.4%；成功引进中石化船用油全球总部、中长燃华东总部、中油泰富总部。[1] 而根据统计，2018 年 1 ～ 10 月，

---

[1] 浙江新闻，浙江自贸试验区挂牌一周年，舟山"国际油港"梦想成真，https：//zj.zjol.com.cn/news.html？id＝906224。

浙江自贸区实现油品贸易额达 1800.0 亿元。保税燃料油直供量达 294.45 万吨，同比增长 118%。外轮供应总货值达 12.38 亿美元，同比增长 300%。[①] 同时，截至 2018 年 9 月，舟山市具备原有仓储经营资格的企业增至 7 家，成品油批发企业增至 20 家。全市原油仓储、成品油批发（仓储）经营企业达到 38 家，保税油经营企业达到 10 家。首批 2 家原油非国有贸易企业组建完成，即将获批资质和配额，年新增贸易量将超过 1000 万吨。现如今，舟山已经跃居国内第一大供油港，华东地区保税燃料油加注中心。随着石油经营主体的所有制结构、贸易方式和服务对象的多样化，舟山将进一步加强保税燃油加注中心的建设，为打造国际大宗商品储运、加工和贸易中心提供更多的便利。

（二）制度改革初显成效

推进"最多跑一次"的便民制度改革，全力打造高水平营商环境。浙江自贸区着力推行的保税燃料油业务，每一单都要同多部门进行对接协调。自 2017 年 12 月成立保税油供应调度服务中心后，在保税油锚位调度、引航申请等流程实现"最多跑一次"。在系统建成后，企业只需要在供油结束后跑 1 次窗口，一次性递交相关单证。这意味着能够减少纸质单证 14 张，办理时间缩短 1/3，加油效率提升 20% 以上。据统计，在涉及自贸试验区事项中的商事登记领域实现"最多跑一次"全覆盖，98% 以上事项开通网上申报渠道，逐步将"人跑路"转变成为"信息跑路"的模式。

为了给企业创造更加优质的营商环境，全面实施"证照分离"改革并推进实施企业投资"标准地 + 承诺制"改革试点。截至 2018 年 10 月，浙江自贸区工办理"证照分离"改革相关事项 11331 件，同比增长 14%，企业平均开办时间从 10 多个工作日缩减到 3 个工作日，惠及企业 11000 余家。推进实施企业投资"标准地 + 承诺制"也将审批时间缩短近 20 个工作日。同时，在全国首创"同心圆联合审批模式"，审批时间由原来 200 多个工作日压缩到了 42 个工作日。

保税燃料跨区直供是浙江自贸区的一项制度创新成果。凡享受"跨关区直供"等优惠政策的业务，可以极大地节约仓储、物流及损耗成本。以中石化浙江舟山石油有限公司为例，2016～2017 年，公司跨上海及江苏地区的保税油直供量达 37.2 万吨，仅此一项就能为企业节省租罐、物流等各类成本近 2200 万元[②]。

---

① 环球网，以改革开放为引领　浙江自贸试验区油品全产业链建设步入快车道，http：//finance. huanqiu. com/roll/2018－11/13596110. html。

② 经济日报，浙江自贸区布局油品全链条，http：//paper. ce. cn/jjrb/html/2018－04/04/content_ 359411. htm。

同时，在第三方评估机构毕马威在浙江自贸区进行的制度创新评估中，包括前述 5 项关于油品的改革措施，已经形成了 45 项制度创新成果，其中 20 项属全国首创，6 项已向全国进行推广。在此之中，保税燃料油跨关区直供还入选了《每日经济新闻》评出的"2017 中国自贸试验区十大创新案例"。浙江自贸区创新成果的数量、质量，均位居第三批自贸试验区前列。

复制推广经验，做好国家"规定动作"。在国务院下发的自贸试验区 123 项改革试点经验和"最佳实践案例"中，舟山已累计复制推广 119 项，其成果斐然①。自启动"证照分离"改革试点以来，企业办理时间由过去平均 12.8 天压缩到 5 天，效率提升了 61%，实行告知承诺等事项从改革前 3~20 个工作日办结改为当场办结。已有 7000 户市场主体通过"证照分离"快速实现生产经营，其中"审批改为备案"2947 件，实行"告知承诺制"912 件，累计为企业节省15000 多个工作日，减少申请材料 30000 余份。② 从进出口角度看，2017 年进出口平均通关时间较上年分别减少了 38.78% 和 56.79%，入境船舶检疫现场登轮检查率降低 20%，每年节约通关时间 6.4 万小时以上，为企业节约费用 500 万元以上。③

（三）金融发展成果丰硕

自 2017 年 4 月挂牌以来，浙江自贸区围绕油品等大宗商品全产业链建设，充分发挥好自贸区特色和政策优势，在金融机构引进、金融业务创新、金融政策落地、金融对接合作以及人民币国际化和大宗商品交易等方面进一步加强工作推进力度，总体成效明显。

开展金融机构招商，推动自贸区金融集聚。自浙江自贸区挂牌以来至今，已有中国工商银行、中国银行、中国建设银行、中国农业银行、华夏银行及交通银行设立浙江自贸区分支机构。同时，自贸区融资租赁快速发展，2017 年新引进28 家融资租赁企业、1 家金融租赁公司和 2 家金融租赁 SPV 公司。其中，全市首家非银金融机构——浙银金租顺利落户自贸区。

加大政策倾斜支持力度，推动自贸区金融规模快速扩展。国家开发银行、国

---

① 人民网，风正扬帆潮正涌提鞭策马更当时——浙江自贸试验区挂牌一周年纪实，http：//zj. people. com. cn/n2/2018/0326/c186327 - 31384863. html。

② 凤凰网，浙江自贸试验区高位对标开局破题打造"证照分离"改革试点排头兵，http：//zj. ifeng. com/a/20180907/6864530_0. shtml。

③ 浙江日报，先行先试筑就改革新高地——记浙江自贸试验区挂牌一周年，http：//zjrb. zjol. com. cn/html/2018 - 04/02/content_3126383. htm？ div = -1。

家进出口银行、中国农业发展银行等加大对自贸区政策倾斜力度，分别通过专项基金、PSL（抵押补充贷款）特定银团贷款、PSL资金等方式加大对自贸区重点项目的信贷支持力度。市内商业银行也积极向省行对接争取，通过建立自贸区跨级联动机制、加快贷款审批流程改造、提升自贸区支行权限等方式，加大对自贸区的信贷投放力度。

依托自贸区特色优势，推动自贸区金融业务加快创新。浙江自贸区结合本身金融政策，加快自贸区跨境金融创新，围绕油品全产业链，推动保税油品贸易融资模式创新。同时，结合油品贸易特点，积极开展跨境结算创新。加快外管、海关监管创新，根据自贸区内保税油供应业务特色，改善企业外汇资金结算流程，提升结算速度。针对部分保税油船供企业难以提供报关单问题，积极开展创新，探索以海关进口货物报关单、货物入库审批表和物权转移审批单代替报关单核验，便利跨境资金汇结。

三、浙江自贸区建设优势

浙江自贸区在第三批新设自贸试验区中是最具特色的，主要表现在地域聚焦、目标聚焦和内容聚焦三个方面。而这三方面聚焦源于舟山特殊的建设优势。浙江自贸区建设的实施范围全部在舟山群岛新区，充分发挥舟山群岛区位优势、海岛资源优势和离岛监管便利优势，借助舟山建设的政策优势，打造独具地域特色的自贸试验区。

（一）区位优势

浙江自贸区全境坐落于舟山市舟山群岛新区。舟山位于我国南北海运和长江水运"T"字形交汇处，是长江连通外海的唯一通道。舟山作为一个海上重要枢纽地区，地理区位优势相当明显，背靠的不仅是长三角，而是整个长江流域；以舟山群岛为中心，方圆500海里范围，往北覆盖华北地区，往南可达福建、广东、台湾，往东可达韩国釜山和日本大阪，通过舟山群岛进行大宗商品中转贸易，与东北亚及西太平洋的主要港口釜山、长崎、高雄、中国香港、新加坡等形成了海运辐射网络，不少岛屿距离国际航道只有10多海里，是进入太平洋的桥头堡，其战略地位和作用不可替代。

舟山的另一区位优势在于舟山与上海的距离较近。据测算，如果采用陆上交通方式，上海至舟山全程284千米，整个行程4个小时左右；如果采用空中交通方式，上海浦东机场开通每日直飞舟山普陀山机场的航线，飞行时间仅需1小时。同时，舟山市作为重要的旅游景点，上海至舟山开通水上交通方式。海陆空多种选择打开了上海至舟山的交通通道，有效促进了上海和舟山之间的联系。

目前，舟山在中央和省政府的支持下，通过自身努力已形成一个 520 海里左右的等距离扇形海运网络以及海陆空三位一体的集疏运体系，是国内外贸易物流的交汇地。随着舟山、杭州湾等地区跨海大桥的相继开通，其地理区位优势将更加明显。

（二）港口优势

浙江省沿海常规条件下适宜开发的岸线资源为 761 千米，其中深水岸线 506 千米，而舟山港域适宜开发建港的深水岸段有 54 处，总长 279.4 千米，占全省的 55.2%，占全国的 18.4%，其中水深 15 米以上岸线 198.3 千米，水深 20 米以上岸线 107.9 千米。舟山港域航道畅通、港池宽阔、锚泊避风条件优越，有可通航 15 万吨级船舶航道 13 条、通航 30 万吨级船舶航道 3 条。有锚地 50 处，锚泊作业面积达 390 平方公里，其中可锚泊 10 万吨级船舶锚地有 20 个，锚泊 30 万吨级船舶锚地有 5 个。港池受群岛环抱，水深浪小，少淤不冻，综合建港条件十分优越。舟山港能满足第六代、第七代集装箱船和大型油轮、大宗散货船舶及更先进船型的通行和靠泊，是我国建设大型现代化深水港的理想港址。

舟山港口极具开发潜力。按每千米深水岸线承载 500 万吨年吞吐能力的系数测算，舟山港域港口资源可建码头泊位年吞吐量超过 10 亿吨，相当于目前上海港、宁波—舟山港货物吞吐量的总和。深水岸线当中，目前尚有 160 多千米还未利用；在 54 段适宜开发的岸线当中，目前仍有 41 段尚未开发利用；在宁波—舟山一体化规划中建设的 19 个港区中，将在舟山地区建设 11 个，其中大部分都还没有进行开发。

另外，舟山深水良港众多，国家批复建设的 7 个 40 万吨级以上深水码头，舟山就占了 3 个。像鼠浪湖矿石中转码头是国内最大矿石中转基地，可停泊 40 万吨巨型货轮，年吞吐能力在 5000 万吨以上；拥有华东地区最大的煤炭中转基地六横岛煤炭中转码头，年中转能力超过 3000 万吨。区域内拥有全球最大的大宗散货港（宁波舟山港）和集装箱港（上海港）。

（三）资源优势

舟山的资源优势同样来源于海洋。作为即将打造成为以油品为核心的大宗商品交易中心，舟山拥有非常丰富的海底油气、风能、潮汐能以及潮流能等资源。舟山靠近东海油气田，东海首先发现并进入商业化开发的是平湖油气田，距岱山岛东南方向 302 千米，总面积约 240 平方千米。已探明储量：天然气 108 亿立方米，凝析油 177 万吨，轻质原油 1078 万吨。同时，舟山海洋矿产资源丰富。海洋矿产资源可分为三大类：一是滨海砂矿；二是海底石油和天然气；三是海底多金属结核和多金属软泥。具有发展海洋工程装备、海洋新能源、海洋生物产业、海水利用等新兴产业的良好条件和基础优势。

除了能源资源优势明显外，舟山同样具有丰裕的渔业资源。凭得天独厚的地理条件，舟山素有"东海鱼仓"之称，自开发以来，舟山渔场一直为沿海渔民共同捕捞场所。渔民习惯按各作业海域，把整个舟山渔场划分为大戢渔场、嵊山渔场、浪岗渔场、黄泽渔场、岱衢渔场、中街山渔场、洋鞍渔场和金塘渔场等 8 个渔场。渔场内共有海洋生物 1163 种，其中鱼类以大黄鱼、小黄鱼、带鱼和墨鱼（乌贼）为主要渔产，这四种鱼类产品也是四大经济鱼类，为舟山带来丰厚的经济效益。同时，其他捕捞的鱼类品种包括鳓鱼、马鲛鱼、海鳗、鲐鱼、马面鱼、石斑鱼、梭子蟹和虾类等 36 种。

（四）政策优势

除以上舟山自身具备的优势外，政府也予以浙江自贸区最大程度的支持。

在投资和贸易自由方面。浙江明确外商投资准入前国民待遇加负面清单管理制度，推进"证照分离"改革、国际贸易单一窗口以及通关便利化。为了促进大宗商品及高端产业发展，一方面，浙江着力推进以保税燃料油供应为核心的国际海事服务基地建设，简化国际航行船舶加注保税燃料油驶入自贸试验区内我国内水开放水域的程序，明确国际航行船舶保税燃料油经营资格的审批机关，推进保税燃料油供应便利化；另一方面，促进油品储备、石化产业和大宗商品交易，完善油品储备体系和石化产业链，规范大宗商品交易。

在管理体制方面，2017 年以来，浙江省坚持"群众和企业到政府办事最多跑一次"的理念和目标，推出"最多跑一次"改革，提升了群众和企业的获得感和幸福感，这也是浙江深入贯彻落实习近平总书记以人民为中心的发展思想的生动实践。同时，依照《总体方案》，浙江极力推行简政放权，将省级管辖权下放至管委会，让管委会来进行工作。

四、浙江自贸区建设不足

浙江自贸区在自贸区建设和发展中有区位优势、资源优势及政策支持，具有发展自贸区的优势和潜力。但是，就目前舟山地区的发展现状来看，仍然存在一些发展不足，需要浙江省及舟山市政府在自贸区建设中着力解决。

（一）金融政策与机构支持不足

浙江自贸区是以油品为核心的大宗商品贸易试验区，同时大力推进航空业与融资租赁业的发展，而大宗商品贸易、航空业建设以及融资租赁业务无一不需要金融财税政策方面的支持。同时，浙江自贸区是新成立的自贸试验区，不论是自贸区内的基础设施还是有待开发的港口，都需要更多的资金予以支持。

依据《总体方案》，虽然浙江自贸区被赋予了在人民币跨境使用、外汇业务、大宗商品贸易结算、融资租赁和税收等方面的优势，但金融财税的政策支持属于国家事权，地方则在立法方面没有更多的创制空间。同时，随着营商环境的逐步改善，虽然越来越多的金融、类金融机构落户浙江自贸区，但现有的力量是远远不够的。目前金融及类金融机构数量仅为 206 家，能提供的金融支持仍然十分有限，而对于浙江自贸区内的企业而言，其选择的范围也十分狭窄。对于浙江自贸区发展油品等大宗商品贸易以及融资租赁等业务更是远远不够的。

故而仅仅依靠浙江自贸区现有的力量，金融财税方面不论是政策还是机构，目前能够提供的支持力度均不足。如果仅仅依靠浙江自贸区自身的发展和吸引力，实现浙江自贸区将是一个缓慢且费力的过程。

（二）经济与科技支持不足

随着浙江自贸区的不断发展，舟山经济持续向好。自贸试验区建立以来，舟山地区的生产总值保持持续增长，居民总体消费水平与之前基本持平。但通过横向比较，舟山地区的经济发展水平仍然不足。根据 2016 年 1 ~ 12 月省内各市部分经济指标横向比较来看，舟山地区的经济水平在全省范围内仍排名靠后，即整体经济落后于全省平均水平。浙江自贸区是以油品为核心的大宗商品贸易试验区，其资金的未来需求和现阶段舟山地区的经济水平还不匹配，仍需要外部资金进入浙江自贸区进行投资。

同时，舟山地区缺乏科技创新的推动力。虽然随着浙江自贸区制度的不断创新，自贸区对于科技型企业的吸引力在不断上升。但相较于省内如杭州等城市，其在基础设施方面仍存在较大的差距，很难吸引科技创新型企业入驻舟山，进驻浙江自贸区。而地处 284 公里外的上海则吸引了更多的科技创新型企业，因而给了浙江自贸区更大的压力。

如何吸引更多的资金进入浙江自贸区以及如何增强浙江自贸区科技创新力将成为接下来浙江自贸区未来发展需要解决的问题。

（三）科研实力不足

不论制度创新还是自贸试验区未来的发展都离不开科研人员的研究。浙江自贸区虽然在制度创新方面做出了不少突出贡献，但作为新设立的自贸试验区，其内部的科研实力相对薄弱，对自贸试验区相关问题仍然需要依靠外部科研院所进行研究。

就目前自贸试验区的研究而言，除了各自贸试验区分别设立的专门研究机构，更多的科研来自高校。浙江自贸区地处舟山，周围的高校数量较少，有能力研究自贸区问题或者设立自贸区研究机构的高校数量更是微乎其微。

然而，浙江自贸区的发展是离不开相关研究的支持的。如何依托高校进行浙江自贸区的科研工作，或如何吸引外省市的科研人员对相关问题进行研究将成为未来浙江自贸区需要面对并且解决的一大难题。

（四）发展和建设经验不足

依据《总体方案》，浙江自贸区将建设成为区域聚焦、目标聚焦、任务聚焦的自贸试验区。经过近两年的发展，虽然其建设成果卓有成效，但仍然不能满足《总体方案》的规划设计，仍有许多方面需要继续加强。现如今，包括浙江自贸区在内，我国已形成"1＋3＋7"的自贸试验区建设格局，各自贸试验区的建设虽各具特色，建设成果各异，但各自贸试验区均在不断探索中逐渐完善。所以浙江自贸区仅凭自身摸索是不够的，应加强同其他自贸试验区尤其是建设时间更久的、已形成自身发展特色的自贸试验区的学习与合作，弥补自身发展和建设经验的不足。

第三节 上海自贸区与浙江自贸区协同创新的可行性分析

在当前的经济全球化浪潮中，以区域为单位参与全球经济活动与国际分工已经逐渐成为大势所趋，区域也因此成为全球经济舞台上最充满活力的经济单元。其中，区域的竞争优势主要来源于创新。我国已经把建设创新型国家作为21世纪的重大国策之一。构建系统和科学的区域创新体系成了规划国家创新体系和战略目标的重要一环，也是支撑区域经济良好发展的基础。

实现区域一体化的关键之一则是区域之间的协同创新。相比一个地区单枪匹马参与竞争，区域协同创新更有利于资源在各区域之间合理分配和提高生产效率，做到区域间优势互补、合作共赢，从而更有实力去面对变化多端的全球竞争环境。面对持续且不可阻挡的全球化进程，区域协同创新已经成为众多地理区位相邻城市间降低区域交易成本、整合区域创新资源、提高区域创新效率和增加区域创新产出的必然选择，其也是协调区域经济社会可持续发展的先进方式和高级阶段。长远来说，区域协同创新对于促进区域经济一体化和提升区域整体竞争能力具有重要意义，也是区域创新发展过程中的必然结果。

上海自贸区和浙江自贸区是中国长三角地区新一轮改革开放的窗口，在中国参与国际经济活动和进一步融入全球经济中扮演着重要的角色。在此背景下，如何协调长三角两地自贸区的发展目标、如何明确两地自贸区的功能定位和分工、如何规划两地自贸区协同创新发展机制，从而探索出适合上海和浙江两自贸区的区域协同创新路径以达到自贸区规模经济和实现自贸区互利共赢，已经成为两地自贸区规划建设的重要命题。

一、区域协同创新的相关概念

（一）区域协同创新

区域协同创新，是通过技术创新等高效的创新方式来带动整个区域或城市群的综合创新能力。在区域协同创新过程中会产生"协同效应"，其主要是由区域内的创新主体通过生产要素集聚与合理配置、组织机构强化、发展目标协调、优势互补等协同行为所取得的经济效应。

狭义的区域协同创新即区域科技协同创新，指在区域内部各地区的研究机构、研究人员和研究项目等突破地域限制，在区域内形成区域科技创新平台，整合区域科技创新资源、提高区域科技创新效率，在整个区域内实现科技联动发展，达到区域科技创新产出效益最大化的目的，提升区域科技整体创新能力和竞争力。

广义的区域协同创新，是区域协同发展更为高级的阶段。除区域科技协同创新以外，还包括区域内各地区之间在人口、社会、经济、产业、环境、交通等方面进行协同，协同内容包括这些方面的发展规划、速度、规模、定位等，协调地区发展水平以逐渐缩小地区间差距、平衡区域内部发展，最终产生区域的"协同效应"。本章研究的上海自贸区与浙江自贸区的协同创新，主要是指广义上两地自贸区的区域协同创新，包括两地自贸区在贸易、金融、投资等各方面的协同创新发展，而不仅仅局限于区域科技协同创新。

广义的区域协同创新主要包括以下方面：（1）区域产业协同创新，即通过区域内各地区产业的联动发展，合理调整并协调各地区的产业结构、发展速度等，最终达到区域产业健康可持续发展的目标；（2）区域人力资源协同创新，通过区域内各地区人力资源的自由流动促进不同地区科研人员等各领域人才的交流对话，形成区域内人才流动和共享机制以合理配置区域人力资源；（3）区域科技协同创新，通过鼓励区域内各地区高校和科研机构开展联合研究、鼓励校企合作实现科技成果转化等方式，实现资源的优化配置，最大程度提升区域科技创新能力；（4）区域综合发展规划，以区域内各地区主体公平发展、互利共赢的原则下，建立起区域综合发展规划体系以促进区域整体最优发展，同时兼顾不同地区的发展差异和现实状况；（5）区域环境协同，关注区域内各地区在环境保护、环境科学方面的技术创新、传播与交流，不断改善和优化区域环境质量，为实现区域可持续发展提供有力的支持。①

（二）区域协同创新的路径

区域协同创新的实现路径主要表现为以政府为主导、产业为依托、企业为主体。

以政府为主导。一方面表现为政府在区域协同创新的总规划中发挥积极的主导作用，直接或间接主导区域创新要素的投入与创新资源的整合，另一方面表现为政府主导区域协同创新的政策与法律法规。

以产业为依托。区域协同创新的最终表现形式是区域产业的技术创新进步与高效发展，因此产业规划发展对区域经济协同发展具有重要意义。同质产业在区域内各地区的发展基础和技术水平不尽相同，通过同质产业共性技术的联合创新和研究攻关可以实现区域内一批同质产业的协同创新，由此产生一定的规模效应。对于产业结构不同的各地区，可以通过合理规划实现产业在区域内有层次、有梯度的科学转移，促进产业发展水平不同的地区根据自身定位参与区域产业分工合作。

以企业为主体。企业是区域创新能力的源泉，对于推动区域整体创新能力提升有着举足轻重的作用。区域协同创新的关键就是培养企业积极主动参与区域技术合作研发的意识，通过聚合区域内各创新主体的优势资源从事更尖端、前沿的技术创新研发，从而取得原先单个地区企业无法达到的创新突破成果，使协同效应惠及整个区域。

---

① 王志宝，孙铁山，李国平．区域协同创新研究进展与展望［J］．软科学，2013（1）．

（三）区域协同创新的模式

区域协同创新的模式主要由三种：技术联动协同创新、产业转移协同创新和功能定位协同创新。

技术联动协同创新。这种协同创新模式最适用于资源禀赋相似程度高且有开展共性技术攻关合作需求的区域。比如在大规模能源开发区可以建立起相关能源密集型产业的技术研发体系，推广至区域各地以联合探索和研究节约能源、保护环境、生态修复等新兴产业技术，保障区域的可持续发展。

产业转移协同创新。在社会经济发展水平和产业结构状况存在差异的地区，可根据区域内不同地区技术密集型产业发展成熟程度的不同，划分为几个技术层次的地区，将技术层次较高的地区的部分非技术密集型产业适当转移至周围技术层次较低的地区，从而集中高水平技术地区的创新资源建设新兴产业，待高新技术成熟后辐射至区域内其他地区。这种区域协同创新模式即"腾笼换鸟"式协同创新。

功能定位协同创新。该模式适用于经济发展水平不同但存在较多同质产业的区域，根据各地区产业发展基础、生产要素、市场环境等状况，对区域内不同地区进行差异化、梯度性的功能定位，分工进行技术开发、技术学习、技术扩散应用，最终实现区域在这些同质产业领域的技术创新和技术升级。目前我国长江三角洲经济区和京津唐经济区大多采用的是这种模式。[①]

以上三种区域协同创新模式中，技术联动协同创新主要依靠市场力量自发产生，具有很强的内在动力，而产业转移协同创新与功能定位协同创新可能会产生区域内不同地区间利益的不平衡，因此需要依靠政府力量引导和鼓励，地方政府参与协调区域协同的积极性和执行力对区域协同创新的最终结果起到了很大的作用。

二、沪浙两地自贸区协同创新的可行性分析

上海自贸区自 2013 年 9 月正式挂牌成立以来，先后在贸易、金融、投资等领域探索出了众多卓有成效的改革经验，将其复制、推广到全国其他地区，为我国新一轮的改革开放打响了成功的一枪。随后，国务院于 2015 年批复成立广东、

---

① 张协奎，林冠群，陈伟清. 促进区域协同创新的模式与策略思考——以广西北部湾经济区为例 [J]. 管理世界（月刊），2015（10）.

天津与福建 3 地自由贸易试验区。2017 年，国务院又批复在辽宁、浙江、河南、湖北、重庆、四川、陕西 7 地成立自由贸易试验区。短短几年内，中国已有 11 个自贸区。

佩鲁的增长极理论表明，当政府有意通过将投资政策、行政改策倾斜至某个特定的产业（领头企业）或地区，希望借助这些支配企业和地区的发展来带动相关产业和区域经济整体发展时，这些企业和地区就成了经济的"增长极"。作为中国新一轮改革开放与进一步融入经济全球化的领头羊，中国 11 个自贸区被赋予了在贸易、金融、投资等领域比国内市场更大程度上自由和宽松的政策及市场环境，先行先试进行大胆的探索。从某种程度上来说，这 11 个自贸区构成了新时代中国积极参与科技、经济全球化的"增长极"。

根据增长极理论，增长极的经济发展对周边地区将会产生两方面的影响。一方面是极化效应（又称为回波效应），另一方面是扩散效应。极化效应指增长极在经济快速发展过程中会吸引周边地区的劳动力和资本等要素向增长极流动，一定程度上增长极所拥有的生产要素和经济资源将会迅速扩张，形成极点的规模效应，增长极的经济规模、经济实力快速增长；但对于大量输出劳动力和资本的周边地区，其经济发展也会因为生产要素的流失而受到抑制。扩散效应指在增长极的经济发展到一定程度后，规模经济效应开始逐渐被削弱和放缓，此时增长极获得经济增长的方式将不再是吸收周围的资源，而是会将增长极自身的劳动力和资金向周边地区回流，通过带动周边地区经济发展使自身经济进一步发展，从而最终实现区域经济协同发展。如何克服自贸区之间的极化效应以及利用其扩散效应，避免全国自贸区之间的重复建设与恶性竞争，是自贸区建设必须考虑的问题。对于同属长三角经济区的上海自贸区与浙江自贸区来说，探讨两者之间协同创新发展的可能性也就显得尤为重要。

（一）区位毗邻，共同服务于长江经济带

我国经济发展进入新常态阶段以后，区域经济版图出现了加速分化的形势：东部地区的发展趋于稳定且继续在产业结构转型升级和制度创新方面在全国发挥带头示范作用；中西部地区出现了内部两极分化的现象，一部分中西部地区积极响应"一带一路"建设，显示出强劲的经济增长劲头，另一部分仍然遵循传统的以输出能源资源和依托单一产业结构发展的地区面临经济滑坡的严峻现实；东北地区也面临着深层次体制机制和结构性矛盾，深度改革和调整迫在眉睫。

从地理位置来看，上海、舟山两地均位于中国长三角地区，该地区是中国经济发展的黄金圈。2008 年长江三角洲经济区是世界第六大城市群，拥有 2.2 亿常

住人口，占全国总人口的 1/6；地区经济总量达 19.5 万亿元，占全国将近 1/4，是中国经济最发达、最有活力的地区之一。随着中国近几年经济稳中有升的总体发展态势，长三角在未来很有可能跻身全球前三的城市群。

"十三五"规划纲要明确提出要以区域发展总体战略为基础，以"一带一路"建设、京津冀协同发展、长江经济带发展为引领，形成沿海沿江沿线经济带为主的纵向横向经济轴带，塑造要素有序自由流动、主体功能约束有效、基本公共服务均等、资源环境可承载的区域协调发展新格局。其中，长江经济带战略是中国实行新一轮改革开放和经济发展转型的崭新的区域开放开发战略。2016 年 9 月，《长江经济带发展规划纲要》正式印发，纲要规划了长江经济带"一轴、两翼、三极、多点"的发展新格局。"一轴"，以长江黄金水道为依托载体，着重发挥黄金水道沿线主要核心城市上海、武汉和重庆的重要作用；"两翼"，分别指沪瑞和沪蓉南北两大交通运输要道；"三极"，包括长江三角洲、长江中游和成渝三个地区的城市群；"多点"，则指要发挥长江沿线除以上三大城市群以外的地级城市的支撑作用。

长江三角洲经济区在推动长江经济带国家战略实施的过程中，其重要性不言而喻。对于其自身的发展来说，区域一体化也是长三角经济社会进一步发展的必经之路。一方面，全球化与城镇化的进程日益深入、势不可挡，区域协同已经成为世界上众多临近城市之间减少交易成本、提高区域整体竞争力和实现区域资源共享互利共赢的理想选择；另一方面，国内的城市群正在逐渐成为引领国内经济改革、产业结构升级的新兴经济单元和主力军，也是国内经济创新发展的主要阵地。在 20 世纪 80 年代初中国就提出要打造"长三角经济圈"的设想，且长三角区域合作已经成为中国区域经济一体化发展中最具有代表性、最成功的典范。30 多年来，"政府协同、市场为主"的改革理念和方针一直贯穿于长三角的协同发展建设当中，既为接下来的改革奠定了坚实的基础，又对在新时期深入长三角区域一体化建设和加快区域协同进程提出了新的要求。①

中国自贸试验区体系从最初只有一个上海自贸区，此后不断扩容，成员不断增加。拥有上海、浙江、湖北、重庆、四川等自贸试验区的长江经济带成为中国对外对接高标准的国际贸易投资规则的重要窗口。上海地理位置优越，处于长江出海口，并一直走在中国改革开放的最前沿，肩负着促进长江经济带协同发展的历史使命。而浙江作为长江经济带的下游省份，其成立的"舟山自由贸易港区"将着力探索和推进大宗商品贸易自由化，提升大宗商品全球资源配置的能力，并

---

① 汤蕴懿.长三角通关一体化制度建设问题［J］.上海经济研究，2016（4）.

努力扩大中国在世界大宗商品贸易中的地位和话语权。至此为止，上海和浙江两地均已经进入到国家新一轮对外开放的战略体系中。

上海自贸区作为中国最早的自贸试验区，承担着在制度创新方面的示范和引领作用，将对浙江自贸区在进行区域通关一体化对接、产业梯度转移、区域市场一体化建设、政府间对话协同机制构建等方面产生重要的辐射作用和带动作用。而随着江浙两地高铁网络和江海联运网络的日趋发达和成熟，将打破传统的静态区域发展格局，带来劳动力、资金、先进技术等不同生产要素在两地自由流动的可能，进一步为两地自贸港区的联动发展、互利共赢创造了良好的客观条件。

（二）政策支持，沪浙两地自贸区协同发展

区域协同创新的实现路径主要表现为以政府为主导、以产业为依托、以企业为主体。政府在推动上海、浙江两地自贸区协同创新发展的过程中起了重要的导向作用。在区域协同创新演化过程中的"扩散、共生"等中高级阶段，政府也和市场一起起到了决定性作用。在演化的高级阶段，也即"共生"阶段，政策协同的重要性也越发凸显。因此，中央政府、上海和浙江两地地方政府和两地自贸区方面的积极态度和相关政策支持，可以为两地自贸区开展互利共赢的创新合作提供有利的外部环境与合作交流平台。

2018年4月1日，中国自由贸易试验区协同开放发展论坛在四川成都举行，上海、浙江、广东、四川等自贸试验体系的11个成员联合发表了《中国自由贸易试验区协同开放发展倡议》（下文简称《倡议》），提出共同为自贸区协同开放发展而努力。《倡议》要求，11个自由贸易试验区应该精准把握在新时代建设自由贸易试验区的历史方位，同时把握内陆与沿海沿边沿江区域协同开放、共同发展的原则，努力在自贸区探索制度创新大联动试验和系统集成，明确各个自贸区的特色优势和差异化功能定位，从而开辟区域协同创新发展的合作新机遇，探索建立区域协同开放、协同改革的合作发展平台并借此大力提升11个自贸区对外互联互通的水平，从而真正建立起完善、合理的中国自由贸易试验区协同开放机制。

《倡议》还提到，11个自贸区应该"精准对接'一带一路'建设、京津冀协同发展、长江经济带发展等国家战略，推进自贸区之间的制度对接、产业协同、平台共建，加强自贸区对其他区域的引领示范、辐射带动，加快打造立体全面开放、竞相协同共兴的崭新格局"，并"克服改革'碎片化'和'单兵突进'，强化叠加放大效应，形成一批跨区域、跨部门、跨层级的制度改革新成果"。

这份《倡议》是中国自贸区在形成"1＋3＋7"的3.0版本新格局之后，11

个自贸区首次联合提出关于自贸区之间协同开放的倡议声明，首次将不同自贸区之间的协同开放发展列为中国自贸区建设的重大任务，希望能够借此强化协同改革、协同创新、协同发展思维，着力提升自贸区改革开放的整体性、系统性、协同性。一项崭新的自贸区间合作协同模式正在浮出水面。

该倡议的提出，为11个自贸区"大联动"搭建了一个对话与合作的平台，也为上海与浙江在此基础上开展范围更广、程度更深的沿海自贸区"小联动"提供了一个良好的机遇，两地将有望借助自贸区协同开放发展论坛等机制确定不同阶段的协同创新重点，更好地统筹区域自贸区协同目标。

除了11个自贸区联合发表共同协同开放发展的声明之外，值得一提的是，舟山市政府在其地方发展规划中，也曾经提出过要主动接受上海的辐射。2013年1月，在国务院批复的《浙江舟山群岛新区发展规划》（下文简称《规划》）提到要将舟山群岛新区建成成为上海国际航运中心的重要组成部分和国际大宗商品储存转运加工交易中心。《规划》还提出舟山应该努力开发邮轮经济，为国际海员、国际邮轮游客和国际旅游团队游客提供出入境签证便利服务。要研究舟山机场的扩容建设和升级事宜，开辟更多国际航线航班和包机航线航班，增强舟山机场的客运能力。同时，《规划》强调舟山群岛新区应该主动接受周边城市上海、宁波的辐射效应和带动作用，与周边地区在产业、金融、科技、人才、信息、政策、资源、基础设施等领域进一步深化合作与全面对接，提高区域互联互通水平，形成资源共享、优势互补、差异竞争和共同发展的良性协同发展局面。

《规划》提出的舟山群岛发展规划与当前上海自贸区与舟山自贸港区的功能定位相契合。由于长江三角洲地区的区域协同创新将主要表现为依靠政府力量引导的功能定位协同创新，《规划》表明了舟山当地政府主动接受上海地区辐射和扩散效应的积极意愿，也为两地自贸区在新形势下的协同创新发展提供了一定程度上的政策保障。

（三）定位科学，助力专业化分工形成产业集群

隶属长三角地区的上海、浙江两地自贸区的区域协同创新模式主要表现为功能定位协同创新，即根据两地不同的资源禀赋、经济发展水平和市场环境，对两地进行有差异、有层次的科学创新功能定位，从创新技术创新制度开发、创新技术创新制度学习与创新技术创新制度扩散应用等方面着手，最终实现全方位的创新突破。因此，对于上海自贸区和浙江自贸区各自功能的正确定位，是保障两地开展资源统筹与协同发展的必要条件。

《中国自由贸易试验区协同开放发展倡议》中强调全国11个自贸区应该突出

特色优势协同培育区域开放合作新高地，对上海自贸区的定位是"对照国际最高标准、最好水平，建设成为开放度最高的自由贸易园区"，对舟山自贸区的功能定位是"国际大宗商品贸易自由化先导区"。对于两地自贸区特色功能的科学定位，既可以避免两地自贸区盲目恶性竞争，又可集中合理配置两地生产要素，更高效地实现协同发展目标。

显然，上海自贸区最终目标是要将其打造成为中国对标国际经济最高开放度的标杆，向国际最高水平看齐。2017年11月，财政部公布了金融业开放措施，将放宽并增加外资对金融机构的持股比例，这反映了中国加速深化改革金融行业的决心和行动。对于本就是国际金融中心的上海来说，金融业将成为上海自贸区接下来重点建设和发展的行业之一。在外资持股比例放宽之后，上海自贸区有望成为外资金融机构在国内落户和投资的首选地，从而形成产业集群，产生协同效应。为了配合金融业服务实体经济，上海自贸区也有机会在贸易融资、离岸金融等方面加大开放力度，协助自贸港内的中小企业利用自贸区关外市场更便捷和活跃的跨境金融服务，降低在国际贸易中面临的汇率和信贷风险，提升企业的综合竞争能力和风险抵御能力。根据经济学家鄂志寰的观点，除了拥有中国最活跃的金融市场以外，上海还是国家重要的航运中心，拥有全球最繁忙的港口。而劳动力流动又是繁荣的贸易和金融活动的必备要素之一。因此货物贸易、离岸金融和人员出入境流动等将会是上海自贸区开放的三大重要领域。综合以上分析，上海自贸区的核心功能是整合资源及政府政策优势，聚焦离岸贸易、离岸金融等国际业务，将其建设成为中国经济与国际市场接轨的桥头堡。

《浙江舟山群岛新区发展规划》则明确了舟山群岛新区作为发展浙江海洋经济的先导区、全国海洋综合开发试验区和长江三角洲地区经济发展重要增长极的"三大战略定位"，将其打造成中国大宗商品储运中转加工交易中心、东部地区重要的海上开放门户、重要的现代海洋产业基地、海洋海岛综合保护开发示范区和陆海统筹发展先行区的"五大发展目标"。因此，浙江自贸区的定位，是建设集定价、交易、交割、储运为一体化的自由贸易中心，并努力掌握一部分大宗商品的国际定价权，成为中国大宗商品交易的先锋阵地。浙江自贸区应该以口岸、物流和加工为主要发展方向。具体来说，舟山应该发展以大宗商品的储存运输、转运、加工为主的现代港口物流业，并关注海洋装备制造业与海洋生物产业。相对应地，国际采购、中转、配送、港口保税物流、保税加工等业务将是重点业务。舟山的江海联运服务中心的目标之一是建设成国际航运服务的聚集区域，并逐渐从提供基础的国际航运服务逐渐提升过渡至提供国际海事仲裁、海事信息咨询与鉴定等的国际高端航运服务。

作为新型区域发展理论之一，产业集群理论强调区域内各种资源的有效整合。产业集群最突出的特点就是众多产业密切关联、地理空间聚集，且中小企业之间互相信任并承诺，以此作为合作和交易的基础，企业之间形成了比纯粹市场结构更稳定但又比科层组织更具有灵活性的特殊的组织结构。在这样的特殊组织结构内，企业之间拥有良性竞争关系，互相信任、互利共赢，既能够获得生产成本和交易成本下降所带来的"内部经济"，又能够获得技术外溢、技术共享所带来的"外部经济"福利，导致形成产业集群的企业整体比集群外的企业拥有更强的竞争能力。[①]

虽然上海自贸区与浙江自贸区都位于长江三角洲区域，但两地的资源禀赋、经济发展水平等依然存在地方特性。对于两地自贸港功能的错位化、差异化、层次化定位，在两地自贸区协同发展的道路上，将会更容易进行资源整合并统筹运用于生产和创新成果输出，依据各自的资源禀赋构建区域专业化分工，充分发挥区域分工协作的外部性，形成聚集经济效应和规模经济效应，从而减少两地自贸港区域交易成本、减少区域内资源浪费，并进一步优化区域产业结构和细化产业分工。这在一定程度上避免了自贸港的同质化建设问题，有利于生产要素在两地更合理配置。

通过对比上海自贸区与浙江自贸区在贸易、金融、投资以及制度创新等领域的发展目标与发展现状，不难发现上海作为从中国自贸区 1.0 时代就发展起来的自贸区桥头堡，其规划目标已经从当初先行先试、探索创新出一批能在全国各地直接复制和推广的改革开放新经验和新制度，升级成为在国际市场软环境方面建立起高标准的国际贸易和国际投资制度、营造自由而有秩序的国际金融环境、打造便利且透明的现代行政管理体制，最终成为具有国际竞争能力的自由贸易区。而浙江自贸区的发展目标则更具油品产业特色，主打在油品全产业链推动贸易与投资自由化，以此带动与油品贸易相关的金融领域创新和制度创新，最终发展成国际重要的大宗商品资源配置中心和交易中心。

纵观两区的发展现状，已有五年发展基础的上海自贸区在贸易、金融、投资等方面均取得了一些卓有成效的成果，而浙江自贸区一方面承接了上海自贸区有用的发展经验，另一方面也根据自身特色在油品产业链上成功进行了创新，在全国也属首创，甚至部分创新成果已经被推广。例如上海在跨境人民币资金池方面的宽松试点政策，既为上海自贸区内的企业跨境灵活调配资金和银行业务创新提

---

① 刘芬，邓宏兵，李雪平. 增长极理论、产业集群理论与我国区域经济发展［J］. 华中师范大学学报（自然科学版），2007（3）.

供了诸多便利，又为浙江自贸区在同类政策方面的发展提供了经验。依托上海的改革基础，浙江自贸区已经累计实现跨境人民币结算金额 39.65 亿元。伴随着两地在未来协同开放发展的契机，两地更多的银行和企业将从中受益，显示出更强的自贸区联动成效。

上海自贸区在吸引外资、工业总产值、进出口额、新增企业数等方面都保持了可观的增长速度，经济体量逐年扩大。上海自贸区各片区都拥有不同的发展特色和发展优势，做到了各类资源和生产要素的合理有效配置。由于地区本身经济发展基础和地区资源特色的不同，浙江自贸区没有必要在经济指标上刻意追赶上海的体量。但浙江自贸区可以利用上海在某些方面强大的资源优势，与之形成优势互补的局面，在大宗商品方特色化功能方面做大做强。2018 年 3 月，浙江自贸区与上海期货交易所签署了战略合作协议，将上海期货交易所的国际化平台优势与浙江自贸区油品全产业链的优势进行有机结合，双方将在产品创新和上市、交割仓库建设、市场体系建设等方面开展全方位合作，实现优势互补与"期现结合"，推动以人民币为计价结算单位的国际石油产业体系形成，提升我国在石油领域的国际贸易话语权。

由此看来，上海继续推动自贸区在贸易投资监管、金融创新、政府职能转变等多方位综合领域的创新建设，为浙江依据其自身产业特色和发展现状提供了一定的经验和借鉴，并在上海良好积极的示范作用下，激励浙江探索创新出有利于其成为国际大宗商品贸易、结算、资源配置中心的相关政策创新和制度创新，甚至能够最终反向推广至上海和全国其他自贸区，形成两地错位发展、互利共赢的局面，不失为两地开展协同创新一条切实可行的路径。

第四节　上海自贸区与浙江自贸区的协同发展

上海自贸区与浙江自贸区均处于长江流域入海口附近，各方面的交流日益频繁，两个自贸区之间的协同创新建设显得尤为重要。

一、金融领域协同发展

（一）金融制度协同

2017 年 4 月挂牌以来，浙江自贸区围绕油品等大宗商品全产业链建设，在金融机构引进、金融业务创新、金融政策落地等方面卓有成效。2018 年 11 月，第二届"蓝色经济"发展论坛在新城举行。在论坛中，中共舟山市委党校的庄韶辉指出，价格竞争是保税燃料油供应产业的核心竞争，降低成本就成为产业发展的必然行动逻辑。降低金融成本，舟山应发展融资租赁等类金融业务，要积极引进国外规模较大且有实力的供油企业。同时，要扶持本地供油企业上市融资，探索建立产业发展扶持基金，完善油品交易市场建设，努力争取建立保税燃料油期货交易市场。①

虽然浙江自贸区金融服务发展迅速，可以提供金融服务（特别是融资租赁服务）的机构数量稳定上升，但相较于浙江自贸区的油品等大宗商品全产业链的定位以及建设舟山航空产业园的目标而言，现阶段的金融服务提供机构特别是融资租赁机构，无论从数量还是其能提供的资金水平来说都是远远不够的。而上海在整个金融体系的构建和金融人才的储备方面具有远超其他城市的优势。同时，在过去的六年中，上海自贸区在促进金融创新改革方面的建设卓有成效，不仅在区内建立 FT 账户，同时进一步开放金融市场，在对外债权债务管理、结汇售汇制度改进、大宗商品及衍生品交易等方面进行了提升。

上海自贸区在金融发展方面具有优势，其制度经验将在金融支持和发展方面给予浙江自贸区有利的补充。

（二）金融人才协同

从地理位置方面考虑，上海自贸区同浙江自贸区的距离仅 284 千米，且两自贸试验区之间可采取路上交通、空中交通及海路交通三种方式，最短交通时间仅 1 小时，交通极为便利。从人才储备角度考虑，浙江自贸区是新兴自贸试验区，且自贸区所覆盖区域附近的金融研究机构和高校的数量较少，与上海自贸区截然相反，甚至在金融行业出现了从业人员"供小于求"的状况。因此，为了促进浙江自贸区金融业的发展，同时让更多金融领域的人才发挥才能，上海自贸区可组织选拔金融领域的专业人士深入浙江自贸区进行不同期限的工作。工作既可以从短期内金融产品的设计与推广、金融制度优化设计等方面开展，也可以推荐相关人才进入自贸区并在浙江自贸区内任职。人才的流动不仅带动浙江自贸区金融领域的发展，同时也将让更多金融人才能够发挥其优势，创造更多的社会价值。

---

① 浙江自贸区官网，助力浙江自贸试验区建设，专家学者们都说了些啥？http：//www.china - zs-ftz. gov. cn/article/9049。

（三）金融机构协同

2018 年 6 月 21 日，上海自贸区推出《中国（上海）自由贸易试验区关于扩大金融服务业对外开放进一步形成开发开放新优势的意见》（下称《意见》），该《意见》分为六大部分，高度体现了上海自贸区在扩大金融开放中的"试验田"作用。上海自贸区与上海国际金融中心的联动是其独特优势。作为上海金融中心的核心承载区域，上海自贸区现已具备功能完备的要素市场体系和门类齐全的金融机构体系，形成了金融服务业的产业集群优势。同时，相较于其他行业，浙江自贸区的两大亮点行业，即大宗商品交易和融资租赁，都是亟待资金支持才能正常运营的行业。因此，建议上海自贸区金融机构能够给予浙江自贸区更多金融支持及资金支持。浙江自贸区应同上海自贸区达成合作协议，给予上海自贸区的金融机构在浙江自贸区设立分支机构的优惠条件，促使更多机构在浙江自贸区内设立分支，为浙江自贸区提供资金及金融服务，以支撑大宗商品交易及融资租赁行业的发展。

（四）金融研究协同

上海自贸区同浙江自贸区应充分利用地理优势，展开更为开放的金融研究交流机制。浙江自贸区地处舟山地区，高校和科研机构的数量远不及上海自贸区，即使将范围扩展至浙江全省，金融研究的实力差距仍然十分明显。然而，自贸试验区金融的长期发展问题又离不开金融研究的支撑。

首先，浙江自贸区可以为研究上海自贸区金融发展的学术机构提供资金支持和便利条件，以吸引更多具有相关研究背景的研究学者及团队加入研究浙江自贸区发展的行列当中。其次，可以在上海自贸区和浙江自贸区内分别举行金融相关的论坛和研讨会，吸引两地的学者及研究团队参与其中，互相交流。以此在促进两地学术交流的基础上，不仅能够让研究两地的学者取长补短，而且更能建立起两自贸试验区金融研究交流机制，有效地弥补浙江自贸区在金融研究方面的不足。

二、贸易领域协同发展

（一）贸易便利化协同发展

《中国（上海）自由贸易试验区总体方案》指出，建设上海自贸区对促进贸易和投资便利化，为全面深化改革和扩大开放探索新途径、积累新经验，具有重要意义。《中国（浙江）自由贸易试验区总体方案》则指出，浙江自贸区未来将打造成为基本实现投资贸易便利、高端产业集聚、法治环境规范、金融服务完善、监管高效便捷、辐射带动作用突出的自贸区。以油品为核心的大宗商品全球配置能力显著提升，对接国际标准初步建成自由贸易区先行区。两份总体方案均对贸易便利化做出了要求。同时，作为建立自由贸易区的初衷，贸易的促进将有效推进自贸区的发展。上海自贸区同浙江自贸区不仅距离相近，同时又具有相似的特性——同样是临海而建，且具有良好海港的自贸试验区，也同样是连接内陆地区和海外的自贸试验区。其极强的相似性对于自贸区建设经验，尤其是贸易便利化协同发展将起到重要的借鉴和促进作用。随着各自贸试验区的逐步创新和推进，一批又一批可复制、可推广的自贸试验区经验正在逐步向全国范围内展开，一套可以推广的贸易管理制度也正在向全国范围内辐射。

依据这样的特性和共性，上海自贸区同浙江自贸区能够在贸易领域进行诸多方面的互通，形成相应的联络机制，有效增强两自贸区的贸易促进作用。

（二）通关监管协同发展

浙江自贸区自成立以来，积极探索制度创新，全面优化营商环境，尤其在通关口岸管理上成果显著。浙江自贸区创新开展船舶"一单四报"全流程应用、船舶进出境无纸化通关、口岸港航通关服务"4+1"模式，通关时间从16小时缩减到2小时，舟山成为全国首个进出境船舶全流程无纸化通关口岸，并在全国推广。

上海自贸区应尽快落实浙江自贸区这一方面的创新成果。一方面，在制度上的不同，尤其对于上海自贸区与浙江自贸区的协同发展而言是极为不利的。另一方面，更为简洁的通关流程将大大减少通关时间。两自贸试验区之间的通关制度差异化也将逐步减小。因此，在及时沟通信息、长期分享海港资源的基础上，上海自贸区应尽快落实口岸通关监管创新措施，与浙江自贸区制订协同通关监管措施，这将减少企业对于自贸区制度的选择成本，为企业提供更多选择，同时又能够有效地将两个自贸试验区联动起来，促进上海自贸区同浙江自贸区的协同发展。

（三）服务贸易协同发展

上海自贸区在服务贸易领域有较大的发展，浙江自贸区在油品贸易专项方面有较为丰富的经验。双方在贸易便利化上各有侧重，故而侧重点的不同将给予两自贸试验区协同发展的空间。在建立起信息互通平台之后，上海自贸区与浙江自贸区将不同侧重方面的优势惠及对方自由贸易试验区，例如浙江自贸区可以学习上海自贸区的做法，对本区域内的服务贸易行业，尤其是对有利于大宗商品交易的服务行业进行支持；上海自贸区效仿浙江自贸区，设立大宗商品交易场所，拓展大宗商品相关贸易的服务支持政策和项目。通过相互"取长补短"，借鉴贸易发展的优秀经验，补足自身不足，以此促进两自贸试验区的共同发展。

三、投资领域协同发展

随着自由贸易试验区外商投资准入特别管理措施（负面清单）的逐步调整，投资限制不断减少，可以投资的领域逐步增加，投资相关的规则和制度也在不断完善。2018 年 7 月 2 日，国家发展和改革委员会和商务部联合发布了 2018 年版自贸试验区外商投资负面清单。负面清单所涉及领域已缩减至 32 个，特别管理措施仅 45 条。对于投资者而言，领域的不断扩大意味着限制的减少和操作空间的增加，无疑对投资者是有利的。同时，对于自贸试验区的发展而言，领域的扩大也将更加具有吸引力，也会有更多投资人来进行投资。

同时，2018 年 6 月 10 日，国务院发布《国务院关于积极有效利用外资推动经济高质量发展若干措施的通知》（以下简称《通知》）。《通知》明确指出，利用外资是我国对外开放基本国策和构建开放型经济新体制的重要内容。《通知》强调，应进一步优化外商投资导向，支持外商投资创新发展，鼓励外资并购投资，降低外商投资企业经营成本，加大投资促进力度，以此加强投资促进提升引资质量和水平。

在此基础之上，上海自贸区与浙江自贸区均为发展特色鲜明的自贸试验区，特别是浙江自贸区，更是将石油为主的大宗商品作为自身发展的核心。如果两自贸试验区能够互通特色，共同促进投资，那将在现有基础上直接增加两个自贸试验区的竞争力。

（一）投资促进协同发展

上海自贸区同浙江自贸区应协同制定自贸区内促进投资制度，鼓励区内提供促进投资的资金支持，强化绩效考核，完善激励机制。依托自贸试验区先行先试的先机，支持当地政府及自贸试验区管理委员会在法定权限范围内制定专项政策，对在经济社会发展中做出突出贡献的外商投资企业及高层次人才给予奖励。充分利用区内出国管理有关政策，为重大项目洽谈、重大投资促进活动等提供更为便利的条件。

同时，提升投资保护水平，切实加大知识产权的保护力度，保护外商投资合法权益。上海自贸区同浙江自贸区应针对区内外商较多、资金投入较大等特点，联手推进专利法等相关法律法规的修订工作，以更高限额的知识产权侵权法定赔偿上限来惩治知识产权侵权行为。尽快联手完善外商投资企业投诉工作区际联席会议制度，建立健全外商投资企业投诉工作机制，妥善解决外商投资企业反映的不公平待遇问题，切实保障外商投资合法权益。

建立制度创新互通机制，定期召开上海自贸区与浙江自贸区的投资管理制度研讨会，通过集中两自贸试验区的力量，选择更为适当的区域进行制度区域优化测试。尽早出台可推广、可复制的投资促进措施，并切实增强上海自贸区和浙江自贸区的投资吸引力，促进投资和自贸试验区的经济发展，为上海自贸区和浙江自贸区提供资金支持和发展动力。

（二）投资便利化协同发展

上海自贸区与浙江自贸区是中国改革的先锋，除了应全面落实全国和自由贸易试验区外商投资准入特别管理措施外，应进一步协同推进外资领域"放管服"改革，提高外商投资企业区内资金运用便利度，提升国外人才在自贸区工作的便利度。上海自贸区同浙江自贸区应尝试签订资金运用便利化协定，进一步降低两自贸试验区内的资金流动阻碍，提升两自贸试验区内资金的流转效率。切实精简人员办理入区工作的手续，提升外国人员入区工作便利程度，并给予外国人员必要的人文关怀与保障。

同时，鼓励浙江自贸区内企业积极入驻上海自贸区。浙江自贸区是一个以石油为核心、将大宗商品贸易作为主要发展对象的自贸试验区。同时，浙江自贸区也着重发展航空制造业以及融资租赁行业，这些行业对于资金的需求比其他贸易产品更为迫切。是否能够吸引到大量的资金将影响自贸区特色的发展。而上海不仅是我国的金融中心，同时也是国内最为开放的地区之一。开放的地区意味着更为宽松的投资环境以及更加适合投资的管理制度，不仅能吸引我国国内的资金流入，更能够引来相对更多的外资。现如今，浙江自贸区已与虹桥商务区达成了合作协议，如果浙江自贸区内企业能够依托上海自贸区特殊的地理位置，举办投资推介会，或者直接通过上海自贸区进行招商引资，那么上海地区的引资产生的本地效应将大为显现出来。同时，在上海自贸区举办招商引资推介也能吸引相对更多的资金进入浙江自贸区，以支持浙江自贸区的特色发展。

（三） 自贸区之间互驻代表

上海自贸区和浙江自贸区均为各自的特色发展制定了长期规划。上海自贸区不断减少投资领域的限制，借此吸引更多资金对自贸试验区内项目进行投资。而浙江自贸区为打造大宗商品交易中心、建设舟山航空产业园及推进融资租赁业务的发展而设计了相关的规章制度。由此可以看出，一方面，上海自贸区在为投资创设更为优良的环境，而浙江自贸区则在创造更为优质的投资项目，优良的投资环境和优质的投资项目均能够吸引投资。另一方面，上海自贸区和浙江自贸区应互相派出长驻代表，并在自贸区内的日常活动中寻找可以进行投资的恰当机会。上海自贸区的代表了解上海自贸区内的投资动向，可以为浙江自贸区内的企业介绍相应的投资方，而浙江自贸区的代表则基于对浙江自贸区项目的了解，通过上海自贸区内的资金动向为投资方介绍好的投资项目。互派代表就像牵线搭桥一般，将两个自贸区联系在一起，也将投资环境和投资项目联系起来。

四、平台协同发展

（一） 建立电子信息互通平台

政府信息共享是自贸试验区建立事中事后监管制度的关键环节，但关键环节和难点在于自贸区与自贸区之间实现信息共享，部门与部门之间条线信息封闭割裂的问题。自成立以来，上海自贸区积极探索区内信息共享的解决方式，通过建立保障区域数据共享服务的基础网络平台，进而拟定提供和共享监管信息的各项规则，并通过提请关联部门认可并支持，再将各部门对各自提供的数据内容以及共享权限责任等以合同（协议）方式加以确立[①]。建立起电子信息互通平台，将两个自贸区的港口信息、物流信息、贸易数据进行实时互通。首先，对于自贸试验区本身而言，上海自贸区与浙江自贸区的海港信息可以进行协调，促进两自贸试验区海港资源的充分利用，提升进关和出关的效率；其次，对于企业而言，企业可以在两个自贸区内根据相应的要求进行选择，大大降低企业的沟通成本。最后，对于远洋而来的货船而言，上海自贸区与浙江自贸区均位于长江入海口附近，货船方可以自行选择自贸区进行货物的存放或者入关。信息平台的建立将极

---

① 吴蓉，潘力. 自由贸易试验区可复制可推广的模式与理念研究［J］. 海关与经贸研究，2016，37（5）：18 - 28.

大地促进两地资源的有效分配，提高整体的工作效率，为企业赢得时间与机遇，降低企业的流通成本。

（二）共享平台优势，协同发展

根据《上海市深化服务贸易创新发展试点实施意见》，上海将通过实施"服务贸易潜力企业培育计划"，分批培育 200 家"高端化、国际化、品牌化"的服务贸易品牌企业、20 个具有行业引领优势的服务贸易示范区、20 个国际化的服务贸易公共服务平台，形成重点企业引领出海、中小企业积极创新的发展格局，全力打响"上海服务"品牌。同时，2018 年 10 月在浙江舟山举办了第二届世界油商大会，浙江自贸区成功签约 25 个项目，涉及金额达 1656 亿元。据统计，在 2018 年 1~9 月，浙江实现油品贸易额 1614 亿元，保税燃油的交易量超过 268 万吨。① 浙江自贸区在油品贸易和油品管理方面已形成较为完善且成熟的模式和方法。两个自贸区可以共享双方已建成的平台，充分发挥各平台的独特优势，实现协同发展。

---

① 央广网浙江频道，世界油商大会在舟山开幕 签约 25 个项目共 1656 亿元，http://zj.cnr.cn/zjyw/20181020/t20181020_524390409.shtml。

第四章

粤港澳大湾区与广东自贸区
协同创新研究

第一节　粤港澳大湾区的战略定位

一、粤港澳大湾区的形成和特点

粤港澳大湾区是指由广州、佛山、肇庆、深圳、东莞、惠州、珠海、中山、江门 9 个城市和香港、澳门 2 个特别行政区形成的城市群（简称"9＋2"城市群），是包括港澳在内的珠三角城市融合发展的升级版。当前，粤港澳大湾区作为世界第四大湾区，已成为我国建设世界级城市群和参与全球竞争的重要空间载体，是我国改革开放的前沿阵地和经济增长的重要引擎。

2015 年 3 月底，国家发展和改革委、外交部、商务部联合发布的《推动共建丝绸之路经济带和 21 世纪海上丝绸之路的愿景与行动》首次明确提出粤港澳大湾区的概念："充分发挥深圳前海、广州南沙、珠海横琴、福建平潭等开放合作区作用，深化与港澳台合作，打造粤港澳大湾区。"2015 年 11 月发布的《中共广东省委关于制定国民经济和社会发展第十三个五年规划的建议》进一步明确了粤港澳大湾区的定位："创新粤港澳合作机制，打造粤港澳大湾区，形成最具发展空间和增长潜力的世界级经济区域。"2016 年《国务院关于深化泛珠三角区域合作的指导意见》和《国家发展改革委办公厅关于加快城市群规划编制工作的通知》等文件对粤港澳大湾区的发展进行了进一步的部署。2017 年，粤港澳大湾区首次出现在国家政府工作报告上，纳入中央顶层设计，标志着粤港澳大湾区正式进入发展机遇期，将从更高层面实现机制体制创新和资源优化配置，以更强的发展动力参与世界湾区竞争。

湾区经济是区域经济发展的高级形态，其本质上是开放型经济和创新型经济。粤港澳大湾区是我国开放程度最高和经济活力最强的区域，具备建成国际一流湾区和世界级城市群的良好条件。在国家"双向"开放、"一带一路"建设和实现经济发展方式转变的战略背景下，粤港澳大湾区发展规划要有更高的战略定位，要成为高水平开放的引领者、新经济发展的策源地和合作机制创新示范区。

无论从世界知名湾区发展经验，还是从国家发展和改革委、广东、香港、澳门四地签署的《深化粤港澳合作推进大湾区建设框架协议》来看，粤港澳大湾区当前最为核心的任务就是要实现协同创新，完善创新合作体制机制，优化跨区域合作创新发展模式，构建有活力的跨区域、跨制度的创新体系，实现"9+2"城市群共同推进创新、共享创新成果。

粤港澳大湾区的"一国、两制、三种货币、四个主要城市"的特征，在世界主要湾区中都是独一无二的。受三地创新发展观念和体制机制影响，粤港澳大湾区创新要素流通依旧不便，创新资源开放共享仍然不足，亟须创新科技合作体制机制，加强新制度改革供给，深入推进区域协同创新发展。

粤港澳大湾区是一个空间地理的概念。改革开放后，港澳与珠三角地区建立的"前店后厂"制造业分工合作模式，一方面，推动了珠三角地区的工业化、城市化和现代化，使珠三角地区因之成为"世界工厂"与全球制造业基地、中国经济增长的引擎、中国改革开放的先锋，也成就了特区建设的"深圳奇迹"；另一方面，香港和澳门在与珠三角地区优势互补的分工合作中，逐渐向服务业经济转型，香港成为国际金融中心、国际贸易中心和国际航运中心，澳门成为国际旅游休闲中心。从区域整体上看，珠三角地区在过去近40年中成为全球都市化最快的区域之一，在港澳珠三角地区因此出现了规模巨大的城市群。从发展趋势来看，在结构调整的内生驱动和外部区域的低端竞争的双重压力下，这个以粤港澳大湾区为核心的城市群内部正寻求新空间结构与新分工协作体系的建立，以便朝着全球最具活力的新经济区域和最具竞争力的世界级城市群演进。

在内地加入全球分工体系过程中，港澳珠三角地区因其独特的优势扮演着重要角色，港澳与内地的发展逐渐紧密相连，成为内地连接世界的重要枢纽。近年来，虽然香港作为内地市场的转口港角色有所弱化，但作为全球重要的集融资中心，仍然是外资进入内地和内地资金"走出去"的首要平台。广东的对外贸易额多年来一直占到内地对外贸易总额的1/4左右，珠三角地区也是内地吸引外商直接投资最活跃的地区之一。通过加入全球分工体系，发挥自身的比较优势，中国经济发展获得了巨大成功，成为全球第二大经济体和第一大对外贸易国，珠三角地区也是中国经济增长速度和数量规模优势的典型代表。

2008 年金融危机爆发后，经济全球化步入"十字"路口，全球价值链贸易与分工方式出现新变化，国内经济发展进入新常态。因此，党的十八届三中全会提出了加快实施新一轮高水平对外开放，加快培育引领国际经济合作竞争新优势，加快实施创新驱动发展战略，推动经济发展方式转变，实现由增长速度向质量效益转变。在国家"双向"开放、"一带一路"建设和实现经济发展方式转变的战略背景下，重新定位港澳珠三角地区的功能角色具有重要的战略意义。党的十九大报告提出："要支持香港、澳门融入国家发展大局，以粤港澳大湾区建设、粤港澳合作、泛珠三角区域合作等为重点，全面推进内地同香港、澳门互利合作。"2018 年政府工作报告也提出要"出台实施粤港澳大湾区发展规划纲要，全面推进内地同香港、澳门互利合作"。

湾区经济作为当今全球经济版图的突出亮点，开放性、创新性和协同性是国际典型湾区的共同特征。港澳珠三角地区是我国经济最具活力和对外开放水平最高的地区，在全球化新格局、国家"双向"开放和港澳加快融入国家发展大局的背景下，需要对粤港澳大湾区的使命进行科学定位，以继续发挥该区域在国家经济发展和对外开放中的独特优势。打造粤港澳大湾区，建设世界级城市群，重塑区域发展新优势，引领中国参与新一轮国际竞争，助推中国经济由大到强，实现中华民族伟大复兴的中国梦。因此，粤港澳大湾区发展规划要有更高的战略定位，要成为高水平开放的引领者、新经济发展的策源地和合作机制创新示范区。具体来看，在国家发展大局中进一步明确粤港澳大湾区的使命，重点要在以下三个方面凸显新角色。

第一，高水平开放的引领者。对外开放是我国的一项基本国策，改革是我国社会发展的直接动力。以开放促改革、促发展、促创新是我国改革不断取得成功的重要经验。过去 40 多年我国对外开放取得了巨大成就，尤其是加入 WTO 后与国际经贸规则的对接推动了我国对外贸易的快速增长，利用优惠政策成功地吸引了大量外商投资进入市场开放领域。但是，这种开放特征明显带有外向型经济的色彩，导致制造部门与服务部门、货物贸易与服务贸易、引进外资与对外投资等多种发展不平衡问题。仅仅作为全球化的参与者和追随者，因缺乏对标准规则的主导而使对外开放缺乏自主性。港澳珠三角地区基于低成本的制造业分工合作模式是这一外向型经济发展的缩影。因此，面对国家实施新一轮高水平对外开放的需求，粤港澳大湾区应发挥香港、澳门自由港优势和广东自贸区的制度创新优势，以及湾区经济的整体开放优势，加快建立与服务业扩大开放相适应的新体制和新机制、建立与国际贸易新规则相衔接的新体制和新机制，率先形成开放型经济新体制，实现从过去低成本的生产制造优势向市场竞争优势、经贸规则优势和营商环境优势的转变，培育参与和引领国际经济合作竞争的新优势，成为中国新一轮高水平对外开放的引领者。

第二，新经济发展的策源地。新产业革命和新经济发展正在改变 2008 年金融危机以来的全球经济格局。制造业（抑或实体经济）为主的经济竞争是国家竞争力的关键。德国的工业 4.0、美国的工业互联网、日本的"互联工厂"以及美国近期推出的"全面减税计划"，都旨在谋求全球经济竞争重构的新优势。随着全球价值链分工的不断深化，全球竞争已经从过去注重海关货物流量的竞争转变为吸引全球创新要素集聚的竞争。以港澳珠三角地区为代表的中国加工制造模式正在面临互联网、大数据和 3D 打印为特征的智能制造模式的挑战。同时，人工智能也正在改变各个产业领域和各个价值环节的创新与增值模式。应对全球科技产业革命的挑战，粤港澳大湾区应发挥香港国际化创新资源、金融市场和珠三角高科技制造业体系的优势，在生物医药、智能制造、智慧城市等新经济领域推动创新，占领全球制高点，成为新经济发展的策源地，从而引领中国制造 2025 和助推中国经济增长由数量规模向质量效益的转变。

第三，合作机制创新示范区。香港、澳门发展同内地发展紧密相连。适应于港澳与内地经贸合作关系进入服务业和服务贸易合作的新阶段，2003 年签署和实施的 CEPA 安排，一方面旨在通过内地服务市场率先对港澳开放，以解决港澳优势服务业市场空间不足的问题，另一方面也是通过全面深化与港澳的经贸投资合作探索内地服务业管理体制创新问题。CEPA 系列补充协议、CEPA 广东协议、CEPA 服务贸易协议、CEPA 投资协议以及 CEPA 的经济技术合作协议等逐步构成了内地与港澳经贸合作的较为完整的规则体系，为深化港澳与内地的交流合作提供了制度框架，也为港澳发挥独特优势参与"一带一路"建设、粤港澳大湾区发展以及人民币国际化提供了制度保障。但是，CEPA 框架下港澳与内地的服务业合作仍然受制于宏观管理政策、法律制度、服务贸易规则、税收制度、审批管理、人员跨境流动等方面的障碍与难题。因此，规划建设粤港澳大湾区，重点要探索在"'一国两制'、三个独立关税区域和三种法律制度"条件下促进人流、物流、资金流和信息流等跨境便捷流通的体制机制创新，推动区域市场一体化发展，为港澳与内地深化交流合作提供示范作用。

二、粤港澳大湾区和国外先进湾区创新发展的对比分析

世界三大著名湾区分别为纽约湾区、旧金山湾区和东京湾区，代表着世界湾

区最高水平，其在历史积淀、产业倾向、创新发展等方向各有特点，是粤港澳大湾区参考的最佳对象。

（一）纽约湾区

纽约湾区，亦称纽约都市圈，地处美国东北部大西洋沿岸平原，北起缅因州，南至弗吉尼亚州。区域总面积约占美国面积的 1.5%，人口总量占全美国总人口 20%，城市化水平达到 90% 以上，是世界金融的核心中枢以及国际航运中心，成为国际湾区之首。

纽约湾区呈现一核心三轴点的发展态势，其中，核心城市为纽约市，是世界金融中心、总部经济和贸易中心，拥有美国最大的商贸港口，世界知名的跨国银行和多家全美著名的大银行总部均集中在纽约。三轴点分别是费城、华盛顿和波士顿，其中，费城是制造业与运输中心，以钢铁、造船、国防、电子、航空等为主导产业；华盛顿是政治与金融中心，拥有全美最重要的政治、经济、军事等的最高指挥机构，集聚了世界银行、美洲发展银行等全球性金融机构的总部；波士顿是科技和教育中心，集聚了众多的高新技术企业和研究机构。各城市分工协作，功能定位合理，形成多元化和互补性的产业结构。

科技创新是纽约湾区快速成长的关键因素。纵观纽约湾区发展历程，几乎每一次的技术革新都推动了产业结构的转型升级，所形成的新产业均成为其经济支柱。纽约湾区高度重视科技创新，波士顿大学、哈佛大学以及麻省理工学院等国际著名学府形成规模集聚，在为湾区源源不断引进培育顶尖创新人才的同时，实现知识创新溢出，形成技术创新的良好氛围；林立的技术孵化器、先进技术中心、实验室等推动技术项目从研发走向产业化；高新技术产业快速发展，美国无线电公司、阿杰克公司、波纳罗伊德公司等一大批微电子、生物等领域的科技企业集聚，规模效应凸显，成为纽约湾区支柱产业；大数据、互联网等在金融领域的应用，推动金融创新的不断出现，纽约金融中枢的资金辐射力度不断增强，为周边产业尤其高新技术企业的投融资畅通渠道。

良好的创新环境是纽约湾区发展的保障。建立非政府组织，如麻省技术领导委员会等，是纽约湾区市场经济条件下弥补政府职能和市场失灵的有益途径，对高新技术产业发展起到良好的促进作用。实施风险投资税收抵扣，为风险资本的蓬勃发展创造了良好的环境。大力鼓励科技研发，着力培育创新文化，长期以来已形成鼓励创新和自由思考的创新文化和社会氛围。交通网络发达，自配小汽车与通勤铁路是纽约湾区的主要交通工具，引领带动空间结构的改变，推动产业结构的合理分工，加快经济的发展。

（二）旧金山湾区

旧金山湾区，地处美国西海岸。无论是人口总量、经济规模或是经济增速均排在美国前列。核心城市有旧金山、东部的奥克兰及南部的圣何塞。目前旧金山湾区是全球最重要的高科技研发中心，世界著名的"硅谷"即位于湾区南部。

旧金山湾区是全球科创高地。主打以硅谷为特色的高科技产品研发与开发，旧金山湾区云集了成千上万家高新科技企业，其中以中小型高科技公司为主，并拥有众多全球最具影响力的大公司。范围涉及通信、互联网、计算机、新能源等多个产业，集科学、技术、生产为一体，在人工智能、新材料、大数据、半导体、社交媒体等领域全球领先。硅谷是湾区典型代表，高技术从业人员密度居全国之首，基于创新的就业岗位所占比重超过美国其他地区。硅谷是美国青年心目中的圣地，也是世界各国人才的淘金场和竞技场。

旧金山湾区具备将科技创新成果快速产业化的能力。科技要发展，必须要加快科技成果的转化和产业化。旧金山湾区正是全球科技创新成果产业化的领导者。湾区南部的硅谷，充当了引领革命性技术与新兴产业交替发展的"领头羊"。事实上硅谷最大的优势在于理解每一项技术对社会可能产生的颠覆性影响，通过孵化科技成果，将新技术、新发明产业化，实现其商业价值。产业化所带来的经济利润和社会效益又会反过来促使企业更加注重创新创造，硅谷也因此被誉为全球"创新工厂"。

旧金山湾区是美国科技金融中心。旧金山湾区的发展依靠科技推动，而科技产业的发展需要金融的强力助推。旧金山湾区的科技中介服务体系极其发达，种类繁多、专业化程度高，市场竞争力强。如官方性质的美国小企业管理局，以旧金山湾区科技联盟为代表的半官方协会组织，高科技企业孵化器、技术转移办公室、特定领域的专业服务机构等民间力量有力推动了湾区科技创新要素快速整合。高科技产业通常也是高风险产业，有较为强烈的融资需求。以天使投资、私募股权投资等为代表的风险投资机构构成了湾区完整的投资体系。企业需要资金，可以来硅谷、来湾区寻找资金，各类风险资金也会主动寻找湾区内初创型企业的投资机会。在硅谷门罗帕克的沙丘路，聚集了全球最大、最多的风险投资公司，它们是硅谷成功不可或缺的一部分。

旧金山湾区构建了高等院校、中间机构、风险投资、企业、政府"五位一体"的创新生态体系。高等院校注重科学研究，培养各类人才，在湾区科技创新中作用巨大。一方面，各高校通过制定产业联盟计划直接与科技研发单位、金融服务单位联系，鼓励科研人员在校外创新创业，实现学术研究与开发应用无缝对接，推动研究成果的转移与商业化。另一方面，由于旧金山湾区的鼓励创业、包容失败的文化环境，使得大量资金、人才集聚在这里，又进一步推动了高等院校的发展。从政府层面来看，政府重视与科技公司合作，从制度、环境、政策等方面鼓励科技创新活动，并按照市场化机制直接购买科技成果，缩短了研究成果从技术理论到市场化的时间，极大地推动了以硅谷为核心的旧金山湾区科技产业链的发展。旧金山湾区将创新要素优化整合，构建了"五位一体"的创新生态体系，充分调动创新主体的积极性与创造性，对区域知识传播、人才流动、技术转化、资源配置、公平高效、经济发展等方面起到重要作用。

（三）东京湾区

东京湾区以东京为中心，以关东平原为腹地，包含东京、横滨、川崎、千叶、横须贺等几个大中城市，拥有由横滨港、东京港、千叶港、川崎港、木更津港、横须贺港六个港口首尾相连的马蹄形港口群，年吞吐量超过 5 亿吨，在庞大的港口群带动下，形成京滨、京叶两大工业地带，钢铁、石油化工、现代物流、装备制造和高新技术等产业十分发达。在重点城市定位方面，东京是经济与政治中心，神奈川县是工业与物流中心，琦玉县是副都与运输中心，千叶县是商务与货运中心。

政府强有力的宏观引导优化湾区建设发展。为优化东京湾区发展，从 1959 年开始，日本先后 5 次制定了基本规划并出台了系列法律，明确各地区职能定位和空间布局，通过立法将权利下放到各地区，逐步推动制造业的产业转移和高端服务业的集聚发展，不断优化城市配套建设，加快错位、联动、衔接的东京湾区都市圈形成。同时，为了加强跨区域的协作性，从东京湾区大局出发实施一系列包括交通、环境、信息共享平台建立、产业一体化和行政体系改革等方面的政策措施，引导其建设发展。

创新驱动发展战略推动产业结构优化升级。以京滨、京叶工业区为核心的东京湾沿岸是日本经济最发达、工业最密集的区域，以传统制造业转移起步，发展至今最重要的原因是高度重视科技创新，重点体现在三个方面：一是以高校院所集聚营造良好创新氛围，布局高校院所有庆应大学、丰田研究所等；二是确立企业科研主体地位，引导企业加强研发经费投入，培育技术创新能力；三是加强产学研协同创新环境建设，建立了专业的产学研协作平台，并促进各大学与企业的合作，加强大学科研成果的产业化。

良好的配套产业体系加快湾区经济发展。健全的港口体系推动了东京湾区临港工业的形成，与先进的陆运卫星定位技术、互联网技术等一起，为东京湾区充分利用国际国内两种资源、两个市场实现全球化大生产、大物流提供强力支撑。核心区聚集了金融服务、商贸物流、生活服务、出版印刷等相关商业服务机构，涵盖了生产性和生活性服务业，支撑推动先进制造产业的发展。交通网络设施发达，为东京湾区快速发展提供了重要支持。

（四）国外先进湾区创新发展经验的借鉴意义

第一，港口经济助推湾区融入全球化大发展。三大湾区均地处海岸边，纽约湾区拥有纽约港、费城港等，旧金山湾区拥有旧金山港、奥克兰港和红杉市港等，东京湾区拥有横滨港、东京港、千叶港、川崎港等，它们以自由港的姿态，盘活湾区"拥海抱湾"的区位优势，连接区内各城市交通网络，形成对外物流枢纽，推动湾区港口经济的建设，进而为其充分运用国内和国外两个市场、两种资源，促进跨国资源优化配置，实现企业全球化大生产、大物流和大销售创造条件。纽约湾区和旧金山湾区就是依靠港口贸易发展起来，通过全球化网络的布局，在全球化科技和产业变革中抢占优势，实现了产业结构的优化升级。

第二，高校院所是湾区实现创新驱动的源泉地。三大湾区高校院所林立，其中，纽约湾区是哈佛等众多国际著名高校及科研院所的集聚地，旧金山湾区拥有斯坦福大学等著名高校院所，东京湾区聚集了庆应大学等知名高校院所，这些高校院所大部分与主导产业集聚区相邻，是湾区产业链和知识链的始发端口，对推动高技术产业链形成和促进传统制造业转型升级起到重要的引领和支撑作用。正是因为高校院所的存在，使湾区核心地带形成虹吸效应，吸引人才、资金、技术等创新要素集聚核心区，推动技术项目从实验室走向技术孵化器进而实现产业化，引导企业在科技革命中明晰前沿技术动态、抢占发展先机，是实现以创新驱动促进产业发展的源泉地。

第三，金融中心成为湾区快速发展的驱动轮。三大湾区均拥有金融枢纽，其中，纽约是世界三大金融中心之一，旧金山是重要的区域金融中心，东京是亚洲金融中心，这些中心对资本产生虹吸效应，吸引国内外资金流入湾区，构建起庞大的金融机构集群，这些金融机构围绕湾区产业发展需求，实施投融资模式创新，并不断开发新型服务模式，为推动湾区产业发展提供了强力支撑。随着科技的发展，湾区涌现了一大批科技金融公司，这些公司的出现与高新技术产业发展相依相存，致力于运用新技术和金融知识为中小型科技公司量身解决投融资难题并进行资金管理环节设计，成为加快湾区经济发展的驱动轮。

第四，开放包容的环境是湾区创新发展的保障。纽约湾区和旧金山湾区能保持世界创新龙头的地位，开放包容的文化氛围起到了重要的影响，一方面，对外来人口存在包容性，不管是政府制度还是文化，排斥性都较小；另一方面，容许失败成为主流理念，促使人们敢于尝试、敢于创新，有效激发了区域创新的活力。三大湾区高度重视基础制度环境建设，着重在知识产权保护、科技研发等方面加强投入，为产业健康发展营造公平的市场环境。与纽约湾区和旧金山湾区相比，东京湾区更注重政府的总体引导，对打破跨区域的各自为政的制约，快速实现区域功能布局和产业转型升级起到重要的助推作用。

第二节　广东自贸区的发展

2014 年 12 月，国务院决定设立中国（广东）自由贸易试验区（以下简称广东自贸区）。2015 年 4 月 21 日，广东自贸区挂牌仪式在广州南沙行政中心举行。

2018 年 1 月，广东省政府印发《广东省人民政府关于复制推广中国（广东）自由贸易试验区第四批改革创新经验的通知》，在全省范围内推广实施包括扩大开展内地与港澳律师事务所合伙联营试点的区域范围、跨境人民币缴税服务等在内的 16 项新形成的广东自贸区改革创新成果。据了解，这是广东自贸区自挂牌以来推出的第四批复制推广改革创新经验。

不断推出改革创新经验，是广东自贸区发展的一大特点。按照中央和省委、省政府决策部署，坚持"大胆闯、大胆试、自主改"，广东自贸区紧紧抓住"放管服"这个牛鼻子，积极探索政府管理体制机制创新，深化行政审批制度改革，在全国率先形成了不少试点成果和改革经验，为推动自贸试验区建设提供了广东智慧和广东样本。作为广东对外开放的示范区，广东自贸区成立 4 年来，坚持以制度创新为核心，积极推动在投资、贸易等领域先行先试，已累计形成 385 项改革创新经验，此前在全省范围复制推广三批共 86 项改革创新经验，同时有 21 项改革创新经验在全国范围复制推广。

当前全球范围内自贸区协定不断增多，我国经济发展已经进入新常态，正处在经济增速换挡期、经济结构调整过渡期、先前刺激策略消化器的"三期叠加"阶段，经济增长速度正从高速增长转向中速，经济发展方式由粗放式转变为集约式。经济结构也正从增加存量、扩充产能转向调节存量与优化增量并存的深入调和，发展动力也由新的增长点代替原先的传统增长点。在扩大开放深度和广度的大背景下，党的十八届三中全会将建设"丝绸之路"和 21 世纪"海上丝绸之路"（以下简称"一带一路"）正式写入《中共中央关于全面深化改革若干重大问题的决定》，使之成为国家战略。"一带一路"倡议将作为沟通中国和沿线国家及地区的桥梁，将构筑新一轮对外开放的"一体两翼"，在提升向东开放水平的同时加快向西开放步伐，助推内陆沿边地区由对外开放的边缘迈向前沿。因此，我国国内在上海自贸区的基础上，又于2015年3月宣布分别在广东、福建和天津建立自贸区，以配合"一带一路"及长江、环渤海经济带。

改革开放以来，广东省凭借着其地理优势和政策优势，经济发展迅速，成为改革开放引领者。随着改革开放程度进一步加深，国内其他地区迅速追上甚至有追赶迹象，广东作为改革开放引领者的优势地位逐步弱化。而建设广东自贸区，是党中央在新的历史节点上加快改革开放提出的一项重大举措。广东要以开放的最大优势谋求改革的重大发展，为广东率先发展赢得历史性机遇，就必须准确把握自贸试验区的战略定位，将广东自贸区建设成为粤港澳深度合作示范区、21世纪"海上丝绸之路"重要枢纽和全国新一轮改革开放先行地。

一、广东自贸区特色

第一，广东自贸区能够扩大国际市场，与港澳地区联动发展。当前，我国正处于经济转型期，经济增长中低速发展，并且，经济增长方式由生产要素驱动转变为创新驱动，在这种情况下，我国对外贸易的增长速度、增长方式及增长动力也发生了一定变化。目前，我国对外贸易外部需求环境并不乐观，我国的出口市场结构、经营主体、商品结构及贸易方式都发生了一定变化。建设粤港澳大湾区城市群，推动21世纪"海上丝绸之路"，加快广东自贸区与港澳地区联动发展，同21世纪"海上丝绸之路"的有效对接成为我国经济增长的新方式，广东自贸区在粤港澳大湾区战略中有效定位，有利于拓宽国际市场和提高我国的对外贸易水平。

第二，广东自贸区能够平衡国内区域发展，辐射带动中西部地区经济合作。广东地区是我国第一批实施对外开放的地区，有着较好的政策优势和灵活的对外开放措施，加快了广东及周围地区的经济发展。但是，广东等沿海地区的发展导致我国出现了区域经济发展不平衡的局面。为此，我国必须构建区域平衡发展模式，促进区域经济协调发展，加快广东地区与港澳地区的有效对接，促进广东地区的经济发展，实现产业结构升级，充分发挥广东地区的经济带动作用，加强与中西部地区的经济合作，进而促进国内区域经济平衡发展。

第三，广东自贸区力争建成全国新一轮改革开放先行地，提供先行试点经验。广东自贸区在航运发展创新方面被赋予了更多的任务使命，包括：在广州南沙设立粤港澳国际航运综合试验区，探索建立与国际接轨的体制与机制；深化、创新粤港澳国际航运合作涉及的市场开放、体制机制重构、航运有关改革试点，重点探索粤港澳国际航运合作的有效模式；港澳现代航运服务业与广东航运制造业互动发展的机制；建立与国际深度接轨的体制与机制；港口及港口城区转型发展的新模式等。有效经验的总结将会推动国内新一轮的"改革开放"。

二、广东自贸区建立给地方经济发展带来的机遇

第一，自贸区建设会带来辐射和集聚效应。辐射效应是指一个地区通过其较强的经济、文化、科技、教育、人才等资源优势，带动周边地区经济、文化、教育、科技的发展。自贸区不是一座封闭的孤岛，区内会快速集聚大量的人流、物流、信息流、资金流，这些要素资源也能为区外所用，也必须为区外服务。自贸区服务贸易的开放将带来三大辐射效应。一是产业辐射效应；二是地域辐射效应；三是体制辐射效应。

第二，对产业转型升级的带动作用。产品国际化是企业转型升级的重要路径，企业是否能突破瓶颈向上发展，需要靠高端服务要素的支持。随着自贸区内的制度、基础设施逐渐成熟完善，企业将会有更多机会近距离接触国际市场。外资企业在通常情况下是向母国或第三方国家提供服务或产品，因此集聚自贸区的外资企业较国内企业更有利于企业海外市场的开拓，同时，自贸区开放，高技术高水平企业进驻，相当于引入局部竞争，形成区域竞争环境，激励企业逐步提升国际竞争力。

第三，具有示范和促进改革作用。为了积极对接自贸区政策措施，需要切实学习和借鉴自贸区的先进经验，率先复制推广自贸区改革创新试点经验，深入推动投资便利化、贸易通关便利化、金融改革创新等工作。

第四，探索深化开放创新综合改革实验。佛山在政府职能转变、投资领域开放、金融领域创新等方面都学习和借鉴了自贸区的创新政策。例如政府职能转变方面：实行负面清单＋准入前国民待遇等的政府监管模式；建立一站受理、综合审批和高效运作的服务模式；建立跟踪、监管和归集行业信息的综合性评估机制等。投资领域开放方面：允许民营资本与外资金融机构共同设立中外合资银行；支持融资租赁公司；允许成立中外合资人才中介机构；允许设立股份制外资投资性公司；允许中外合办经营性培训机构等。金融领域创新方面：人民币资本项目可兑换、金融市场利率市场化、人民币跨境使用等。

第三节　粤港澳大湾区的协同创新

粤港澳大湾区建设，是包含港澳在内的珠三角城市群融合发展的升级版，是从"前店后厂"模式转变为教育、科技、人文、产业全方位合作最重要的示范区，是"一带一路"倡议的重要支撑节点，是国家实现更高水平、更高层次对外开放新格局的必然选择。创新是粤港澳大湾区的第一品牌，协同创新则是大湾区引领全球新一轮创新发展的核心命题。

区域产业协同发展是指区域内两个或两个以上的经济主体从追求各自独立的产业发展系统逐步演化为追求各经济主体间产业的相互促进、共同发展，达到双赢互惠的过程。区域产业协同发展可以促进区域内各种产业发展要素的相互补给、高效整合和优化配置，有助于产业发展过程中要素耦合效应、技术波及效应、产业关联效应和共生经济效应的发挥。因而，区域产业协同发展已成为推动区域经济和宏观经济发展的重要路径。粤港澳大湾区是中国开放程度最高、经济活力最强的区域之一，从经济规模、外向程度、产业形态、城市竞争力和区域合作水平等方面看，粤港澳大湾区城市群已具备建设一流湾区的初始条件。

首先，粤港澳大湾区天然区位优势明显，位于"广佛肇""深莞惠"和"珠中江"三大经济圈融合点，是国际化窗口城市交汇处及新海上丝绸之路的桥头堡。粤港澳大湾区各城市间产业发展已有较好的合作基础，湾区内部的珠三角、香港、澳门三地具备各自的比较优势，产业互补性强，产业合作具备广阔的发展空间。然而，尽管经过了30多年的经贸交流，粤港澳三地的产业合作仍未达到理想状态，产业链还未能得到有效的整合和延伸，未形成上下游完整配套的产业链条，多层面、跨区域的产业合作协调机制仍有缺失，这在很大程度上制约了粤港澳大湾区发展的进程。为进一步提升粤港澳地区产业的综合竞争力，提升其在国家经济发展和对外开放中的支撑和引领作用，深入探究粤港澳三地产业分工合作的机制与模式，实现产业协同发展，具有重要的现实意义。

一、粤港澳大湾区协同创新基础条件

区域产业协同发展实质上是对区域内不同地区所具有的各种因素和条件的选择，包括资源禀赋、区位优势、经济因素、科技因素以及人文社会因素等，它们共同构成影响区域产业协同发展的基础条件。首先，资源禀赋是最为基础的影响因素，不同的地区会根据各自的资源禀赋来进行分工合作。其次是地理位置和基础设施状况。经济因素包括了经济发展水平和产业结构及发展水平。产业结构和发展水平是区域之间进一步合作、实现优势互补和协同发展的基础。地区产业在产业生命周期演变中所处的阶段、地区产业在产业链中所处的位置等都将影响区域产业分工方式和协同机制。此外，科学技术和人文社会因素也是十分关键和活跃的要素。根据这几个方面来分析，粤港澳大湾区产业协同发展已具备一定的基础条件。

第一，粤港澳大湾区具有独特的区位优势与广阔的经济腹地，同时也是产业高端要素集聚地。从地理位置上看，粤港澳大湾区南接东南亚、南亚，东接海峡西岸经济区，北接长江经济带，西接北部湾经济区，区位优势突出，在"一带一路"建设中将发挥内外联动、海陆统筹的重要支点和枢纽作用，具有巨大的产业发展空间。同时，粤港澳大湾区是一个充满活力的创新创业网，拥有丰富的教育与科研资源以及一大批创新性的国际化领军人才。《2017 年全球创新指数报告》显示，粤港澳地区的创新指数位居世界第二。近 5 年粤港澳大湾区的发明专利数量已经超过旧金山湾区，其中深圳的专利数量最多，发挥了主要作用。

第二，粤港澳大湾区拥有世界级海港群、空港群及高效物流体系，为产业发展提供有力的基础设施支撑。粤港澳大湾区的港口群与航空市场规模领先全球，有国际化综合枢纽的重要地位。2016 年大湾区航空客运量达到 1.85 亿人次，货运量达 736 万吨，均超过其他三大湾区。2017 年底港珠澳大桥主体工程如期具备通车条件，香港至珠海的交通时间缩短至 20～30 分钟，有利于形成粤港澳大湾区"1 小时经济圈"。随着港珠澳大桥等一系列基建项目的实施，湾区将构建起海陆空通达的交通网络，营造更加高效便捷、互联互通的物流体系，为打造内联外通的产业发展格局奠定基础。

第三，粤港澳大湾区产业结构互补性强，有利于培育利益共享的产业链和价值链。粤港澳三地的产业具有互补性，珠三角制造业占比较高，而港澳地区则服务业高度发达。其中，粤港澳大湾区的制造业主要集聚于珠三角地区，珠三角作为全国乃至全球重要的制造中心，产业基础雄厚，具有较完善的产业链，但也存在着产业层次不高、专业技术含量低等问题。此外，珠三角地区现代服务业起步晚，发展水平偏低，与制造业转型升级发展不匹配，难以形成联动效应。而香港的制造业占比仅在 7% 左右，其支柱产业是仓储物流、金融类及专业类服务等现代生产性服务业，其发展水平国际领先，其先进性能够带动珠三角制造业的发展；同时，澳门与葡语系国家贸易联系密切，有利于成为香港、珠三角九市在葡语系国家和"一带一路"层面上的"精准联系人"。粤港澳三地可以借助大湾区战略平台，在分别发挥各自特色的同时，共同打造世界级的先进制造业基地和现代服务业基地，实现比较优势互补和错位协调发展。

第四，粤港澳大湾区拥有发达的城市群，有助于形成核心城市带动区域产业协同发展的局面。粤港澳大湾区有以香港为核心的大珠三角的金融、航运、贸易中心圈；以深圳为核心的"硅谷"创业创新高端产业中心圈，以及以整个区域为基准的智能制造及教育文化旅游产业圈，使湾区发展兼顾经贸、科技、教育、文化和生态环保等各类领域，推动了城市群的可持续发展。在核心城市的引领下，粤港澳大湾区将珠三角的制造业与港澳两地的服务业有机结合，逐渐形成三大都市圈，分别是以深圳和香港为核心城市，以现代服务业、金融业、创新科技为主导的港深莞惠都市圈；以珠海与澳门为核心城市，以旅游业、绿色经济、现代制造业为主导的澳珠中江都市圈；以广州为核心城市，以现代制造业与工商服务为主导的广佛肇都市圈。

二、粤港澳大湾区协同创新制约因素

长期以来，珠江口东西两岸一直面临发展不协调的问题。东岸经济发达，而西岸经济发展相对落后，产业和人口聚集度较低，难以形成规模效应。同时，粤港澳大湾区还面临创新资源分布不均、资源浪费严重、发明创新质量不高、跨境创新合作机制不健全等问题，这些短板限制了粤港澳大湾区的持续发展。

第一，珠江口东西两岸发展不平衡、不协调。大湾区内部存在明显的发展不平衡、不充分问题。以广州—深圳—香港为代表的珠江东轴经济圈聚集了大湾区经济总量的60%以上，而佛山、中山、珠海等珠江西岸地区经济发展相对落后。造成这种现象的一个重要原因就是连接珠江东西两岸的交通基础设施建设滞后，阻碍了人流、物流、金流、技术等创新资源和要素的跨区域高效流动。深圳、香港的产业转移和经济辐射无法有效扩散到珠西地区，在资本、人才、技术等要素收益率差异明显的情况下，大量创新资源必然从粤港澳大湾区西轴转移到东轴。

第二，创新资源地区分布不均。穗深港是大湾区三大核心城市，其中深圳是国内科技创新龙头城市，代表"湾区硅谷"和对接香港的金融中心，最具创新基因；广州是"千年商都"，湾区商贸中心、物流中心、政策中心，在高等教育、科学研究、政策宣导等方面优势明显；香港是窗口，国际金融中心，对外充当"超级联络人"的角色，拥有4所世界一流大学，创新能力强劲，但创新绩效却受到了制造业衰竭的限制。穗深港集聚了湾区大量的创新资源和创新能力，而其他地区特别是珠江西岸创新资源相对匮乏，创新能力不足。这些地方普遍存在研究经费不足、高层次人才数量少、专利数量不多、产业转型升级困难等问题。创新资源分布的不均衡在一定程度上限制了创新要素的流动效率，各地无法有效整合互补性资源，出现创新能力的空间异质性。

第三，创新资源浪费现象严重。由于发展不平衡，诉求、利益也不相同，大湾区各城市之间既有合作，又有博弈。受到地方保护主义和体制机制上的束缚，出现了"大门敞开、小门关闭"等新问题。各城市带有明显的"合作式博弈"倾向，表现为既有与其他地区互补互通的强烈愿望，又唯恐过度开放会损害自身的利益。这一现象不可避免地导致大湾区产业结构雷同、城市分工不明确、同质竞争严重。创新资源和要素的跨城市流动陷入"囚徒困境"，也致使"搭便车"现象出现和蔓延，使得各创新主体的联系和协同度偏低，不利于创新成果快速产业化，影响粤港澳大湾区协同创新潜力的发挥。此外，大湾区各城市之间还缺乏良性互动机制，创新体系和网络建设并不完善，创新主体之间不能很好地资源共享互补，结果一方面创新资源总体上供给不足，而另一方面又存在创新资源严重浪费的现象。

三、粤港澳大湾区协同创新的政策建议

区域产业协同发展的作用机制主要包括追求区域经济效益最大化、充分发挥地区比较优势、实现互利互赢等。首先，区域产业协同发展的过程，是由自发走向自觉的过程，而推动这种过程发展的根本动力是区域经济利益——追求地区经济发展和效益的最大化。其次，区域产业分工合作过程中，地区经济主体会根据自身的区位优势和资源禀赋条件，选择发展那些未来可能具有优势和潜力的产业，同时也会寻求与其他经济主体的优势互补，形成分工合作。充分发挥区域内各地区经济主体的比较优势，形成合理的分工合作体系，构成了区域产业协同发展的重要机理。此外，区域合作表明了区域主体之间相互关系的状态，通过区域产业分工与合作，一方面使区域内各经济主体的经济利益得以实现，另一方面使区域整体经济利益得到实现。因此，实现互利共赢是区域产业协同发展机制形成的又一重要机理。根据粤港澳三地产业发展的基础条件和产业合作方向，粤港澳大湾区产业协同发展可以从以下几个方面实现机制创新。

第一，产业分工与产业链全面融合创新。广东产业未来的转型方向是向价值链的两端延伸，前端是技术研发环节，后端是市场拓展环节。香港当前主要产业只有两头，一头是金融业，属于高增值低就业型的行业，另一头是低增值高就业的产业，如物流、旅游、商贸等，缺乏科技、研发、制造等中间产业。澳门产业

结构较为单一，博彩业一家独大，也面临着产业适度多元化的问题。粤港澳大湾区产业协作要改变过去"前店后厂"的传统合作模式，充分发挥粤港澳三地在产业上的互补优势，加强分工合作，培育高端引领、协同发展的开放型、创新型产业体系，推动三地产业链全面融合创新，加快向全球价值链顶端迈进，成为推动粤港澳大湾区产业转型与升级的引擎。充分发挥香港、澳门、广州、深圳核心城市在现代服务业和先进制造业领域对珠三角地区的引领和外溢作用。巩固和提升香港国际金融、航运、贸易中心地位，强化全球离岸人民币业务枢纽地位和国际资产管理中心功能，进一步发挥"超级联系人"的作用。支持澳门建设世界旅游休闲中心以及中国与葡语系国家商贸合作服务平台，促进经济适度多元化发展。

《珠三角国家自主创新示范区方案》指出，要全面深化粤港澳创新发展合作。"一国两制"是粤港澳大湾区最大的制度优势，应利用好这一优势，实现粤港澳三地产业和政策优势互补，高效合作。可以通过国家政策统筹一揽子规划，发挥三地高等院校、科技中介服务机构、高端人才、核心企业等创新资源的协同性与联动性，构建粤港澳三地协同创新网络。同时借助创新广东自贸三大片区与港澳合作模式，打造粤港澳货物服务贸易升级版，成立粤港澳高校联盟，积极推动港澳及国际科研项目在广东的产业化，重点打造几个标杆性合作案例，进一步营造粤港澳三地利益共同体氛围，不断向大湾区输入产业发展新动能。

第二，协同研发与新业态共育创新。旧金山湾区的成功充分证明了高等院校对科学技术创新的巨大推动力，高等院校与企业发展是相辅相成的关系。斯坦福大学早期的科技园，成就了后来举世闻名的硅谷；硅谷的高科技企业和人才也为斯坦福提供了源源不断的技术设备和研究资金。深圳的科创基因，就像圣何塞的硅谷一样，但是科技创新若没有强大的科研扶持和金融支持注定是要失败的。粤港澳大湾区需要建立高效的产学研合作平台，引导企业以更开放的姿态与高等院校合作交流，高等院校也要鼓励研究人员去企业兼职、创新创业。通过鼓励人才与高校和企业更紧密互动，实现理论与实践在更深层次契合。要以粤港澳大湾区打造国际科技创新中心的历史契机为抓手，大力引进国内外一流高校、企业和实验室进驻大湾区，集聚高端人才，构建完整的"产学研用"生态链。

粤港澳大湾区是全球最具经济活力的城市群之一，湾区内11个城市各有优势，要实现产业协同发展，提升产业整体竞争力，必然要走协同创新发展道路。应结合粤港澳大湾区创新能力现状，进一步突破障碍，加大协同创新力度，利用全球科技创新资源，建设跨区域合作创新平台，打造粤港澳大湾区创新合作共同体，并努力建设成为全球科技产业创新中心。发挥香港、广州、深圳和澳门—珠海4个科技创新极的创新引领和辐射带动功能，积极融入国际创新网络，建设全球科技产业创新中心。其中，支持香港建设世界级服务业创新中心，引领湾区与世界顶尖创新资源和网络对接，引入更多世界一流机构和内地科研机构进驻；把广州打造成国家创新中心城市；把深圳打造成国家创新型城市、国家自主创新示范区和具有世界影响力的国际创新中心；支持澳门和珠海共建国际化创新城市、粤港澳创新合作重要先行区；发挥佛山、惠州、东莞、中山、江门、肇庆6个城市的产业创新优势，共同培育分工合作的区域创新体系。

第三，协同科技创新与制造业优势，助推科创成果向生产力转化。从整体大环境来看，珠三角科技创新的生态系统非常发达，双创氛围浓厚，许多高端人才和领军企业都聚集在粤港澳大湾区。各地企业、中介、高等院校、政府应加强创新资源和要素的运用与共享，发挥各自比较优势并进行不同形式的协同，大力发展科技中介服务，推动形成穗深港的科学技术优势与腹地制造业互补互通、交错发展的产业格局；同时建立更加有效的区域协同发展的新政策、新平台，提升高科技产业实力，抓住"一带一路"倡议机遇，依托大湾区的高端制造、金融服务业、消费升级、自贸区政策红线等优势，激发企业将科技创新成果向现实生产力转化的潜力，国际国内市场双向拓展创新。

粤港澳大湾区产业协作过程中，应充分发挥港澳自由港优势和开放型经济建设的引领作用，加快构建开放型经济新体制，双向拓展国际国内市场，携手参与"一带一路"建设，全面参与全球经济竞争合作，共创国际经济贸易合作竞争新优势。随着珠三角要素成本的上升，在广东的港澳企业以代工为主的经营模式越来越难以持续，迫切需要转型。转型的主要方向就是在目前扩大内需的背景下努力开拓内地市场，逐渐摆脱外贸依赖。推动广州南沙新区、深圳前海深港现代服务业合作区和珠海横琴新区三大国家级重大区域合作平台开发建设。鼓励粤港澳三地企业联手"走出去"，开展绿地投资、实施跨国兼并收购和共建产业园区等，扩大与"一带一路"沿线国家的产业合作，开拓新兴市场。

第四节　粤港澳大湾区与广东自贸区的协同创新

2015年4月21日，广东自贸区在广州南沙区正式挂牌成立，为打造粤港澳大湾区带来了一针"强心剂"。而粤港澳大湾区战略发展规划的提出，一方面为广东自贸区提供了机遇，另一方面也带来了挑战。因此广东自贸区如何在国家顶层战略中起到支点功能的定位就显得尤为重要。

一、粤港澳大湾区与广东自贸区

广东自贸区自成立以来，就旨在与"一带一路"倡议共同打造粤港澳大湾区，立足推动内地与港澳经济深度合作。其战略定位为：依托港澳、服务内地、面向世界，将自贸试验区建设成为粤港澳深度合作示范区、21世纪海上丝绸之路重要枢纽和全国新一轮改革开放先行地。由此可见，粤港澳大湾区在某个层面来说，依靠国家设立的广东自贸区自身原有的优势，利用自贸区的税收优惠政策和海关特殊监管政策，为区内对外贸易创造更多自由化和便利化的条件。

2014年12月，中国在四个重要沿海地区都分别设立了自由贸易试验区，以广东自贸区为例，首先，其地处珠三角地区，是改革开放的前沿城市，经济发展在国内位于前列，有着良好的经济基础；其次，其临近港澳地区，建成通车的港珠澳大桥，促使三地的交流和合作变得更加便利。可以说，自贸区的建设是政府全力打造中国经济升级版的重要举措。若四个自贸区在国家的带领和自身的探索下能够得到显著成效，我国将会在全国更大范围内推广经验，并继续坚持创新，同时以对外开放的主动赢得经济发展的主动，也赢得国际竞争的主动，中国积极融入世界经济体系，为世界的经济复苏做出了贡献。

纵观2017年中国政府工作报告，我们可知制定粤港澳大湾区规划目的：第一，推动内地与港澳的合作深化；第二，发挥港澳的优势，推动内地经济发展；第三，通过粤港澳大湾区的发展，提升国家经济发展和对外开放中的地位。首先，要推动内地与港澳的合作深化，就必须要推出多项优惠政策，从而吸引港澳企业进驻；推进粤港澳航运合作，发挥广深港联动作用；进行金融大胆创新，推动粤港澳经济发展；提高跨境结算效率，加快两地资金流动；错位发展三大片区，深化粤港澳三地合作。其次，要发挥港澳优势，推动内地发展，就需要借鉴港澳国际通用法律体系标准，对接港澳国际高标准的金融服务规则体系。最后，广东自贸区通过在以下四方面的发展来促进粤港澳大湾区发展，（1）具有开放的经济结构；（2）具有高效的经济资源配置能力；（3）具有强大的外溢效应；（4）具有发达的国际联系网络，使之成为世界第四湾区。

广东自贸区对珠三角及周边地区的影响具有政策示范效应和辐射带动作用。

第一，政策示范效应。政策选择是发展的向导。广东自贸区的建设代表着我国新一轮外贸改革的动向，以注重创新管理政策为特色。珠三角及周边地区想要不脱离整体，政策选择需走在前沿，审时度势，关注自贸区内的政策动向，继而制定出相适应的管理制度，破除经济发展瓶颈，促进本地经济健康良好发展。珠三角地区可借鉴广东自贸区的先进政策，比如税收政策。优惠的税收政策会多方面影响企业发展方向，因此，珠三角需根据本地产业特点，在优惠税收政策的引力下，吸引外贸企业入驻，使自贸区短期内形成的"虹吸现象"尽可能减弱。

广东自贸区以创新制度为发展前提，而创新制度的关键在于转变政府职能，使自贸区在更加国际化和法制化的运营环境下成长。自建成以来，广东自贸区在投资类、贸易类、金融类、财税类和综合类几大方面都出台了诸多政策法规和管理制度，很多的政策制度有望能延伸至地方性法规。因此，广东自贸区的建设对珠三角地区的经济发展创新管理制度有一定的示范作用。例如，财政部下发的《关于中国（广东）自由贸易试验区关于进口税收政策的通知》使广东自贸区突显其制度创新。

政府管理方面重在对企业做好引导和服务工作。对于深受自贸区影响的外贸企业，政府部门可针对性地展开相关政策的指导工作，把政策落实到自贸区建设的每一步进程中，使外贸企业能在贸易全球化的浪潮中有明确的定位和目标。对珠三角及周边重点进出口企业给予进出口通关方面的指导服务，使其能在广东自贸区平台的基础上，达到贸易便利化的总体目标。

第二，辐射带动效应。广州、深圳和珠海是珠三角服务业发达地区，广东自贸区的现代服务业发展将带动珠三角乃至周边地区的现代服务业的发展。近年来，随着经济的飞速发展，珠三角的产业结构也不断升级和调整，在第三产业中，珠三角地区的服务业发展水平处于上升期，第三产业中的行业规模不断扩大，行业种类逐渐增加。更重要的是，珠三角第三产业的产值占广东省第三产业的比例逐年攀升，珠三角现代服务业在广东服务业中占据显著地位。

近年来，一大批的新兴行业方兴未艾，如金融业、高新产业等战略性新兴行业，它们具有高国际化程度、高创新要求和高市场反应灵敏度的特点。对此，可结合自身的发展条件，进驻广东自贸区，或设立分企业，直接享受自贸区优惠政策。例如，资金雄厚的民营企业可利用自贸区内权限放开的政策，把产业运作和金融运作相结合，实现产融结合。

广东自贸区在金融产业也有很大的影响。一方面，"简政放权"的政策推行使新一轮的金融改革热潮涌现；"负面清单"制度使民营企业和外商投资企业享有一致"国民待遇"，清除因所有制不同而存在的发展阻碍，使平等竞争在各大企业中落实。另一方面，自贸区内放开民营银行的进入权限且大力支持民间资本注入，这都为自贸区的改革创新之路打下了更坚实的储备基础。民营银行的建立为中小民营企业提供了途径，继而解决了中小企业的融资难的问题，给予中小企业更多的选择。金融行业的创新改革为外商投资创造了条件，灵活的融资渠道又会促进珠三角地区的民营或外资企业的入驻。

二、政策建议

推进粤港澳大湾区建设，需要打造高水平开放平台，强化广东自贸区作为全国改革开放先行区、经济发展重要引擎的作用。

一是发挥广东自贸区探索协调作用。近年来粤港认真落实《粤港合作框架协议》，加快推动广东自贸区建设，形成了90项制度创新经验，深入推进粤港服务贸易自由化，为我国全境实施《CEPA服务贸易协议》提供了先行示范经验。

粤港深度合作为建设粤港澳大湾区奠定了坚实基础，2017年7月1日，在习近平总书记的见证下，粤港澳高层共同签署《深化粤港澳合作推进大湾区建设框架协议》。协议明确，粤港澳三地将在中央支持下，完善创新合作机制，促进互利共赢合作关系，共同将粤港澳大湾区建设成为更具活力的经济区、宜居宜业宜游的优质生活圈和内地与港澳深度合作的示范区，打造国际一流湾区和世界级城市群。这是粤港澳乃至我国经济社会发展的又一历史性机遇，粤港澳合作将揭开崭新一页。

与世界级大湾区不同，粤港澳大湾区建设是在一个主权国家内三个独立关税区深化合作的重要尝试，涉及产业布局、土地利用、信息互通、资源共享、交通能源、基础设施、城市群协调等方方面面。因此，更需要发挥广东自贸区引领作用，健全合作机制，增强集聚辐射作用，推进粤港澳服务贸易自由化，重点在金融服务、贸易服务、交通航运服务、专业服务、科技服务等领域取得突破。鼓励引进港澳创新人才和创新资源，建设粤港澳人才合作示范区。发挥港珠澳大桥等跨境基础设施功能，辐射带动珠江西岸地区加快发展。从而使粤港澳大湾区成为最具发展空间和增长潜力的世界级经济区域。

二是增强广东自贸区的集聚辐射功能。世界一流湾区的发展历程表明，中心城市与周边地区之间的关系，首先是集聚关系，其次是辐射关系。先把资源集聚到中心城市，然后中心城市又对周边地区产生辐射效应，帮助这些地区加快发展起来。最后，中心城市与周边中小城市形成互相影响、互相依存的良性互动关系。

为了化解大珠三角城市群面临的诸多发展问题，推动大珠三角成为更具活力的经济区、宜居宜业宜游的优质生活圈和粤港澳深度合作的示范区，需要在世界级城市群的大格局中对广东自贸区进行准确定位，重视发挥其集聚辐射功能，特别是强化南沙作为广州城市副中心，发挥前海、横琴作为城市新中心的门户枢纽功能，从而引领和激发大珠三角城市群的整体实力，使之成为大珠三角世界级城市群的重要中心，再进一步迈向世界城市价值链的高端，跨入世界重要城市行列。

南沙、前海、横琴作为大珠三角发展的门户枢纽，尤其要发挥在金融、物流、贸易、会展、信息和高端制造业等方面的集聚、辐射和带动作用，成为人才汇聚的高地、自主创新的高地和宜居宜业的福地，以推动大珠三角实现跨越式发展，为粤港澳大湾区建设注入新的动力和活力。

以加快转型升级，提升广东参与国际竞争新优势。加快转变外贸发展方式是提升开放型经济发展水平的一个重要方面。今后十年，全球经济结构面临深度调整，围绕制度、规则、技术、市场、资源等方面的竞争日趋激烈，外部各种风险隐患增加，特别是广东正面临发达国家"再工业化"和发展中国家和地区低成本优势的"双向挤压"。积极应对新挑战和把握新机遇，争取在更高水平上参与国际竞争，是广东新一轮外贸发展战略必须着力解决的重大问题。因此，必须发挥广东自贸区的先行先试作用，推动广东外贸向优进优出并重、货物贸易和服务贸易并重方向转变，提高外贸可持续发展能力和核心竞争力，推动实现由外贸大省向外贸强省转变。

第一，推动对外贸易可持续发展。广东自贸区要着力优化出口产业和产品结构，力争在品牌、技术、标准等方面取得新突破，提升广东战略性新兴产业的国际竞争力，扩大机电产品、高新技术产品和绿色低碳产品出口，优化货物贸易和服务贸易结构，积极承接服务外包。加快从规模速度型向质量效益型转变，着力提高外贸可持续发展能力和国际竞争力。

第二，利用好国内外两种资源。广东自贸区要积极引导外贸企业学会开拓国内外两个市场，利用好国内外两种资源。一是促进广东企业开展国际化经营，收购国外企业、专利和品牌，建立自主品牌营销网络体系。二是把一部分加工环节转移到境外，改变原产地标签对广东出口贸易扩大的制约。三是鼓励广东家电、轻工、纺织服装等有竞争优势的产业和企业"走出去"，把省内过剩的生产能力、原材料及零部件出口到国外市场。四是在国外投资建设广东有短缺趋势的战略性资源和初级产品稳定供应基地，如油气、矿产、木材和纸浆生产基地。五是鼓励广东企业转移后道加工能力，带动广东部分加工设备和上游产品出口，就近开拓市场或立足当地市场直接向欧美出口，转移部分贸易顺差。

第三，应对各种贸易保护挑战。全球经贸格局深刻变化的一个重要特征是出现外部需求萎缩、保护主义盛行等新矛盾，这些新矛盾将长期困扰广东外贸发展。

进入后金融危机时代，国际规则的博弈已成为今后贸易摩擦的主要特征。特别是新技术性贸易壁垒作为非关税壁垒中最为复杂、手段最为广泛、标准最为繁多的壁垒形式，必将成为广东外贸出口的主要障碍。因此，广东自贸区要密切跟踪国际规则新变化，做好长期应对新贸易保护主义的准备，并将国际贸易投资规则演变带来的压力转化成加快转变经济发展方式的动力。

第四，共建世界服务贸易重要基地。服务贸易是近年来引领全球经济复苏的新动力，也是全球经济中发展最强劲、前景最广阔的领域。广东自贸区加快探索服务贸易发展，对于广东外贸稳增长、调结构、促转型，提升开放型经济发展水平具有重要意义。

推动香港高端服务业与广东实体经济的深度融合。一是发展与广东制造业配套的金融、保险、现代物流为代表的生产性服务业。特别要鼓励香港投资基金参与广东企业改造、进行创业投资，发展创新科技和低碳产业。发展基于互联网、物联网的服务产业，完善信用、物流、支付等电子商务支撑体系。二是大力发展以现代旅游、现代商贸为代表的生活性服务业。三是支持港澳专业服务提供者到广东开办会计、法律、管理咨询等专业服务机构，支持港澳检验检测计量、会计、律师、建筑设计、医疗、教育培训、育幼养老等专业服务在广东集聚发展。

推动粤港澳贸易自由化、投资便利化和行政服务便利化。一是全面梳理港澳服务业进入广东存在的制度性障碍，建议在CEPA的补充协议中加以明确，实现逐个突破。二是推动政府管理由事前审批向事中事后监督转变。落实中央批准的在广东先行先试的有关政策措施，积极争取中央各有关部委的审批权下放到广东省（含省会城市、单列市）一级政府的有关部门。三是争取为香港制定一份面向全球的"负面清单"，进一步取消和放宽港澳投资者准入限制，在项目资金互通、要素便捷流动等方面先行先试，推动三地人流、物流、资金流、信息流的自由往来。四是推行投资备案制度，健全外商投资监管体系，率先打造公平、透明、可预期的国际化营商环境。

珠三角地区及周边地区在面临良好机遇的同时，要审时度势，挖掘自身发展优势，取长补短，对接广东自贸区发展策略。在大环境下，自贸区会给珠三角地区经济注入新鲜血液，譬如促进产业转型升级、推进现代服务业发展等有利影响。当前形势机遇与挑战并存，因此，必须全面了解广东自贸区所带来的影响并做好政府管理服务工作，做好人才储备工作，使本地产业能在自贸区的发展中提升自己的竞争力，无缝对接并带动全地区的发展。

第一，充分发挥政府的职能。应充分重视在粤港澳大湾区中广东自贸区的功能定位，充分发挥政府职能，制定产业政策和产业规划，促进广东自贸区现代服务业和高端制造业的发展。首先，政府应重视广东自贸区的产业发展规律和发展前景，根据产业发展规律和发展前景制定产业政策，保证广东自贸区经济的稳定发展；其次，政府应重视广东自贸区现代服务业的发展，促进传统服务业向现代服务业转型，加大服务业资金投入，完善服务业的发展政策，并积极运用先进的信息技术，实现服务业的升级改造；再次，政府应大力发展广东自贸区的先进制造业，重视先进制造业的高投入、低耗能、高技术要求、强劲动力及高效产能等特点，实现产业结构优化升级；最后，政府应积极发展广东自贸区的高科技产业，加快产业集聚发展，建立高技术产业基地，完善广东自贸区创新服务平台，提高广东自贸区的创新驱动力。

第二，粤港澳深度融合是战略需要和责任担当，需共同面对全球竞争。广东与港澳历史渊源颇深，经济联系紧密，地理位置接近，粤港澳合作具有独特优势。应该充分认识到港澳的战略地位，认识到粤港澳深度融合是战略需要和责任担当。广东自贸区要利用毗邻港澳的优势，加强同港澳深度融合，优先发展金融、科研等高端服务业。在建设高楼大厦的同时，丰富城市的"发展内涵"。

第三，借助粤港澳大湾区城市群建设的机遇，结合自贸区的政策优势，重新分工布局，带动产业创新升级。当前，市场优势和成本优势在跨国企业决策中的地位发生了显著变化，全球生产分工越来越精细化。在当前全球化迅速推进的背景下，竞争优势体现为对全球分工和资源的整合布局的能力，跨国公司已经变成全球整合的企业。根据市场的发展潜力，当地劳工成本、技术、资金、人员状况等将分别在不同国家或地区进行全球整合。

第四，加快发展现代服务业和高端制造业，改善投资环境，强化技术创新。广东自贸区应该积极改善投资环境，完善产业结构。包括：积极发展现代服务业和高端制造业；加强基础设施建设，加快港口、铁路、航空等基础设施建设；政府应转变服务方式，加强重视服务型政府建设，为广东自贸区的外资引入提供政策和法律支持，完善广东自贸区的投资环境；重视高新技术人才的培养，强化技术创新环境。

随着广东自贸区建设的一步步深入，珠三角地区贸易经济发展也会受到积极影响，因此，紧密对接自贸区的建设发展尤为重要。作为周边地区，凭其地理位置优势，需在认准自身优势的前提下，绘制切实可行的方案，探索对接自贸区建设的途径。首先，确保硬件实力和软实力充足，作为自贸区建设的实力后盾；其次，更新组织管理方式，传统的管理理念不再适应开放型经济的发展。最后，对接自贸区建设需要制定适宜的政策法规，争取建设本地特色的自贸区。

第五章

中国国际进口博览会与中国进出口商品交易会协同联动机制研究

始于 1957 年的中国进出口商品交易会（广交会）是中国对外开放的窗口、缩影和标志。自 1957 年起至 1978 年，广交会是我国唯一的对外贸易窗口，经过改革开放 40 多年的发展，现已经成为我国规模最大、层次最高、商品种类最全、到会客商最多、成交效果最好的综合性国际贸易盛会，不仅促进了我国出口持续稳定发展，也在我国对外开放战略中发挥了积极作用。截至第 124 届广交会，展览总面积为 118.5 万平方米，展位总数 60645 个，境内外参展企业 25583 家①。

没有过去 40 多年的改革开放，就没有中国今天的经济发展。未来中国经济实现高质量发展需要更进一步的改革开放。因此，2017 年 5 月，中国国家主席习近平在"一带一路"国际合作高峰论坛上宣布，"中国将从 2018 年起举办中国国际进口博览会"。中国国际进口博览会于 11 月 5 日至 10 日在上海举办。共吸引了 172 个国家、地区和 3 个国际组织参会，3600 多家企业参展，超过 40 万名境内外采购商到会洽谈采购，展览总面积达 30 万平方米。累计意向成交 578.3 亿美元②。

举办国际进口商品博览会是中国坚定支持贸易自由化、主动向世界开放市场的重大举措，将会对中国甚至世界贸易产生深远影响。

以进口为主的中国国际进口博览会（简称进博会）与以出口为主的广交会如何形成联动，促进进出口平衡发展，促进产业升级等问题值得深思。

---

① 中国进出口商品交易会，www. cantonfair. org. en。
② 中国国际进口博览会，http：//www. ciie. org/。

第一节　广交会与进博会的举办背景与意义

一、广交会的举办背景和意义

（一）广交会的举办背景

在 1949 年 11 月，中华人民共和国刚刚成立不到一个月，在美国提议下，由美国、英国、法国、德国、意大利、丹麦、挪威、荷兰、比利时、卢森堡、葡萄牙、西班牙、加拿大、希腊、土耳其、日本和澳大利亚 17 个国家组成的"输出管制统筹委员会"（co-ordinating committee for export control）即巴黎统筹委员会，在巴黎秘密成立；其宗旨是限制成员向中国等社会主义国家出口战略物资和高技术。列入禁运清单的有上万种产品。1951 年 5 月，美国又主持联合国大会通过《实施对中国禁运的决议》，强迫与会各国参照美国对华禁运的货单，向中国禁运商品品种多达 1700 多种。由此，以美国为首的资本主义国家对中国实行全面封锁和禁运，先后参加禁运的国家共有 45 个。1951 年，西方国家对中国的贸易额陡然下降，新中国在对外贸易上遇到很大困难。

为了打破封锁、发展对外贸易、换取国家建设急需的外汇，中国在 1957 年创办了"中国出口商品交易会"，地点选在临港澳、有悠久对外贸易历史和海上丝绸之路的广州，后来周恩来总理提议将展会简称为"广交会"。广交会映射了中国外贸发展史，不仅成为新中国打破美国贸易封锁、通向世界的大门，同时广交会的创办改变了新中国的外贸格局，开拓了对非社会主义国家的贸易往来，不仅换来宝贵的外汇，而且有力地支援了国家经济建设，拓展了新中国对外交往的空间。

（二）广交会的意义

广交会是"中国制造"重要的对外窗口。当时很多制造业企业通过广交会打开了市场。比如茅台酒，就是在广交会上接受香港商贸界人士建议，从带有砂眼的黑陶酒瓶变成白瓷酒瓶，将红星商标改成参考敦煌壁画艺术、富有中国文化特色的飞天商标，从而一路畅销。广交会 60 年来累计出口成交超过 1.2 万亿美元，在各个时期都是我国外贸出口的重要渠道。1957～1965 年，广交会出口成交额占全国出口总额的 17.81%；1966~1977 年，广交会出口成交占全国出口总额的 41.53%，其中 1972 年和 1973 年占比均超过一半。目前，一年两届的出口成交额近 600 亿美元，在中国外贸发展中依然起着举足轻重的作用①。随着新时期外贸发展的需求变化，广交会深入推动创新，功能不断拓展，从现场成交功能向结识客户、展示洽谈、行业交流、信息发布、品牌推介等综合功能转变。广交会不再局限于现场成交，展会现场沟通交流还带动了广交会后的大量成交，据不完全统计，会后成交额占参展企业通过广交会结识客户总成交额的近七成。

广交会还为地方经济发展带来巨大拉动效益。一年两届广交会的举办除了带动地方城市的发展，还为会展产业链上的相关行业如运输、酒店、旅游、广告、餐饮等带来拉动效应。据相关机构的研究表明，广交会对地方经济的拉动效应达到 1∶13.6，极大地促进了地方经济的发展。

二、进博会的举办背景与意义

（一）进博会的举办背景

改革开放 40 多年来，我国经济快速增长，经济规模持续扩大，对外贸易规模也持续增长，2017 年成为世界第一大货物出口国，贸易顺差也最大。根据中国海关总署的数据，2017 年，中国货物贸易进出口总值 27.79 万亿元人民币，其中，出口 15.33 万亿元，增长 10.8%；进口 12.46 万亿元，增长 20.9%，贸易顺差 2.87 万亿元，降低了 14.2%②。结合服务贸易，我国对外贸易总量更为可观。

未来国际经贸合作中，中国继续做大出口的同时，还将迈入扩大进口、努力平衡整体贸易的新阶段。一方面，国人出国旅游已连年突破亿级水平。目前阶段，多数还旨在"买买买"的出国消费，一定程度上完全可以通过进口减税、扩大优质进口来补充，从而满足更多国人以低成本实现更高质量生活的需求。另一方面，在 2017 年货物贸易顺差 2.87 万亿元的背景下，我国也有能力继续扩大进口，这将互惠中国及世界其他出口国。

面对当前世界经济的不确定性和保护主义、单边主义的汹涌逆流，中国在2018 年举办世界上第一个以进口为主题的大型国家级展会——中国国际进口博览会，意义不言而喻，对中国及世界贸易的发展都将起到一定的推动作用。

---

① 中国进出口商品交易会，www.cantonfair.org.cn。
② 海关总署，http://www.customs.gov.cn/customs/302249/302274/302275/index.html。

（二）进博会的意义

中国国际进口博览会是开展国际贸易搭建的开放型国际合作重要平台，也是中国为世界各国探讨国际贸易和世界经济的重大议题。中国拥有全球最多的人口，是全球第二大经济体、第二大进口国和消费国。目前，中国已经进入消费规模持续扩大的新发展阶段，消费和进口具有巨大增长空间。未来 5 年，中国将进口超过 10 万亿美元的商品和服务，为世界各国企业进入中国大市场提供历史性机遇。

进博会由中华人民共和国商务部、上海市人民政府主办，旨在坚定支持贸易自由化和经济全球化、主动向世界开放市场。2017 年 5 月，习近平主席在"一带一路"国际合作论坛上宣布，中国将从 2018 年起举办中国国际进口博览会。2018 年 11 月 5 日至 10 日，首届中国国际进口博览会在国家会展中心（上海）成功举办。进口博览会设立"6 天 + 365 天"一站式交易服务平台，提供全方位服务，将带动我国新一轮高水平对外开放。

这是中国政府坚定支持贸易自由化和经济全球化、主动向世界开放市场的重大举措，有利于促进世界各国加强经贸交流合作，促进全球贸易和世界经济增长，推动开放型世界经济发展。

中国消费市场巨大，举办中国国际进口博览会为产业转型，为创新启迪"中国制造"奏出强音。合理扩大优质商品和服务进口，引进先进产品，促进公平竞争，助推提升国内企业创新发展，促进传统企业升级换代，提升"中国制造"国际竞争力。

三、进博会与广交会联动的意义

广交会在经济封锁的背景下应运而生，主要是为了让中国的产品出口，而进博会主要是让国外的产品进来。这也是世界上第一个以进口为主题的国家级博览会、国际贸易发展史上一大创举。

2018 年恰逢中国改革开放 40 周年，在改革开放的上一个阶段，中国给世界贡献了各种各样的产品：衣服、鞋子、玩具等等，被定位为"世界工厂"。随着中国经济的发展，劳动力成本、土地成本、运输成本均在上升，中国产品的成品优势正在减弱，提升效率才能在新的国际贸易模式中取胜，而进口在一定程度上会通过竞争、管理模式的效仿，倒逼中国企业提升效率。国际贸易从产品贸易发展到工序贸易，分工更细化，通过进口倒逼和学习，以及出口合作，可以提升中国企业的全球价值链位置。由"走出去"到"引进来"，使"卖全球"与"买全球"并重，是中国经济发展的必然。首届进博会开幕前一天，恰逢第124届广交会闭幕，时代正在切换。广交会，是世界带动中国经济发展的窗口；进博会，将是中国促进世界经济发展的开端。

第二节　国际合作新模式要求贸易平衡

过去竞争型贸易模式强调用一国的优势获取和占用全球资源，强调贸易顺差，而在维护全球化大格局的前提下，新的全球化经济秩序正在各方矛盾斗争中碰撞和寻找平衡点，未来共同创造可以持续的新价值的合作模式将会是主流，进口将是经济增长的增函数，包容性经济发展是未来全球化共识的思想背景。因此，我们的贸易战略思路应是合作型国际经济共同体，在给予其他国家的企业在中国市场的发展机会时，提升中国中间产品和服务的出口，使外国企业与中国企业合作交融，共同创造符合中国市场需求特征的产品与服务。

中国经济在过去几十年的发展过程中，显示出了不合理的一面。投资和出口快速增长，但其增长速度远远快于消费，三驾马车的增长速度不平衡、不协调，这显然是存在很大问题的。20世纪80年代以来，资本形成和出口增速年均增速分别高达11.2%和15.1%，而消费增速仅为8.4%。2016年，中国家庭消费的GDP占比仅39%，不仅远低于发达国家，也明显低于许多发展中国家[①]。这种只注重投资和出口的不合理的发展模式，导致部分行业的产能过剩，部分企业债务高企，环境污染，严重影响人民的生活质量；同时，进口产品的不足，使部分行业无法获得高质量的产品，这显然不能满足人们的最终消费需求和美好生活需要。我国中产阶级的崛起和年轻人较高的边际消费倾向将拉动消费增长，所以需有更加高质量的、更丰富的产品来满足消费者的需求。随着老龄化的到来，社会储蓄率将会随之降低，这也对提高相关产品的消费提出了需求，只有消费品的多样化和质量水平提升了，消费这架马车才能发挥应有的作用。

总体而言，进口可以促进对外贸易平衡发展，对统筹利用国内外两个市场、两种资源、缓解资源环境瓶颈压力、加快科技进步和创新、改善居民消费水平、减少贸易摩擦，具有重要的作用。尤其是中国已经成为全球第二大经济体、进出口规模最大的国家，促进贸易平衡发展有重要的意义。高质量的进口商品也可以

---

① 如何看待中国扩大自美进口？[N]．人民日报．2018－06－02．

倒逼部分国内企业加快产品升级，以应对进口高质量产品的冲击。建立合作型国际经济共同体的必然要求就是中国扩大进口，减少贸易顺差，促进贸易平衡。

第三节　中国的发展要求更多的进口

一、消费进口需求扩大

（一）总体需求扩大

随着中国经济连续 40 年的快速发展，人均 GDP 已经超过 8000 美元，进入中等收入国家水平，居民消费在快速增长、成为经济增长最主要动力的同时，消费结构上也存在强劲的升级需求，从追求数量转向追求品质，从有形商品拓展到无形服务。

中国公民出国旅游人数在逐年稳步增加，境外购物总额全球第一。据原国家旅游局统计，2017 年，中国游客境外旅游 1.31 亿次，比 2016 年增长 7%。从海外游客平均年消费的角度来看，中国游客消费稳步增长。2017 年，中国游客海外支出平均达到 5565 美元，预计 2018 年将达到 5715 美元，同比增长 3%[1]。经初步估算，中国居民 2017 年去境外购物消费大约 2000 亿美元，购物清单中包括高档商品、日用消费品等。同时联合国世界旅游组织的最新数据也显示，中国游客占全球出境游客总消费额的比例超过 1/5，而排名第二的美国游客消费额仅相当于中国游客的一半[2]。

（二）健康服务业进口需求

当旅游业快速发展，居民消费能力提升，出境不再是问题时，国人正将范围进一步缩小至海外就医。国际医疗业具有显著差异性，出国看病的浪潮汹涌而至。2014 年海外就医人数仅为 5 万人次，2015 年达到 10 万人，2016 年激增至

---

[1]　Nielsen and Alipay. The Outbound Chinese Tourism and Consumption Trends：2017 Survey ［R］. 2018 – 03 – 11.

[2]　我国年境外消费达 2000 亿美元 ［N］. 北京商报. 2018 – 03 – 12. http：//www. finance. ifeng. eom/a/20180312/16021924_0. shtml。

50 万人，2017 年已有 80 万人次①。国人开始热衷海外就医，源于国外有更先进的医疗资源和医疗技术、服务人性化、新药多。一方面，相较国内，新药上市有滞后性，新药进入国内市场往往需要 5 年或更长时间；另一方面，国内外在一些重大疾病领域的技术存在较大差异，例如，在美国癌症的 5 年生存率高达 81%，而中国却不到 25%。

目前，在中国境内，中国政府共审批中外合资合作医疗机构 200 余家。已登记运营的中外合资、合作医疗机构有 65 家，其投资方主要来自美国、日本、韩国、古巴、新加坡、中国香港和中国台湾 7 个国家和地区，其中以美国和中国香港为主，数量占投资方的 68%，在 65 个机构中投资总额 2000 万以上的有 35 个，占 53%，投资总额最高为 6.4 亿元人民币。在 65 个中外合资、合作医疗机构中，综合性医院 21 个，专科医院 13 个，综合门诊部 6 个，专科门诊部 13 个，诊所 11 个，体检中心 1 个②。

与一些发达国家相比，中国国内有价格较为低廉的护理服务，在传统医疗保健方面具有独到的治疗、恢复、保健优势，同时具有丰富的对人体有益的海水、沙滩、森林、矿泉等自然疗养资源，以及独特的人文、历史、社会环境，对吸引国外护理服务需求者到境内接受服务，具有很强的吸引力。

随着中国人均收入的提高，对健康服务需求日渐旺盛，出国就医人数不断增加。因此，借助进博会这个平台，促进国内外产业信息交流，有助于研究如何有限制地开放健康服务业，既能提高国民福祉，又能促进国内健康服务业水平提升，进而逐步发展健康旅游产业，从而实现健康服务业的出口。

其次是教育服务业的有限开放。中国出国留学人数激增，2017 年达到 40 多万人，巨大的教育消费流到国外。进博会的溢出效应，在会后成交规模和领域方面，有助于研究如何有限度地开放教育服务业，既能留住部分国内学生，又能吸引国外学生到中国学习，并能结合中国的中药教育服务，扩大中国服务业出口。

二、生产进口需求扩大

随着中国经济的发展，生产规模不断扩大，中国的生产进口需求也会随之增加。除了加工贸易的中间品进口之外，中国对高科技产品的依赖度也比较高，在

---

① 前瞻产业研究院，www. qiam. zhan. com。
② 中国服务贸易指南网，http：//tradeinservices. mofcom. gov. cn。

较长一段时间内，中国仍需要从国外进口。

我国在核心技术、关键技术上对外依存度高达 50%，高端产品开发 70% 技术要靠外援技术，重要的零部件 80% 需要进口，一些关键的芯片甚至是 100% 进口[①]。虽然中国是大量高科技产品的主要市场，但是在很多行业，产品的自给率很低。

以半导体与集成电路为例。在半导体与集成电路方面，全球半导体产业市场规模已经从 1996 年 1320 亿美元增长至 2017 年 4122 亿美元。根据美国半导体行业协会（SIA）的统计，按照半导体企业总部所在地分类，目前美国公司占到全球半导体市场份额的一半左右，其次为韩国和日本，中国目前市场份额在 5% 左右。

半导体可以分为分立器件、光电子、传感器、集成电路，其中集成电路占比最高，占到 2016 年全球半导体销售金额的 81.6%。中国目前已经成为全球最大的半导体与集成电路消费市场，但是自给比例仅 10% 左右，每年的进口金额超过 2000 亿美元。

2016 年全球前十名半导体设备供应商中，除了荷兰的 ASML、新加坡的 ASM Pacific，其余四家位于美国、四家位于日本，其中美国的应用材料公司（AMAT）排名第一，2016 年销售额达 100 亿美元。四家美国公司已经占到全球市场份额的 50%。而 2016 年中国半导体设备销售仅 57.33 亿元，其中中电科电子装备集团排名第一，但销售金额也仅 9.08 亿，中国前十强占全球半导体设备市场份额仅 2%。长年占据全球半导体设备榜首的美国 AMAT 产品几乎横跨除了光刻机外的所有半导体设备，公司的 30% 员工为研发人员，拥有 12000 项专利，每年研发投入超过 15 亿美元。相比之下，国内半导体设备龙头北方华创研发支出不到 1 亿美元[②]。

站在产业链的角度，集成电路可以分为设计、制造与封装测试三个环节，其中垂直一体化模式称之为 IDM（Integrated Device Manufacture），以英特尔、三星为代表；专业化分工则可以分为 IC 设计（Fabless）、晶圆代工（Foundry）。

在 IC 设计领域，2016 年全球前十大 IC 设计厂商中，中国上榜两家，华为海思排名第七、紫光集团排名第十，合计市场份额约 7%。考虑到博通（Broadcom）计划将总部从新加坡迁回美国，实际上这份全球前十 IC 设计厂商中美国公司将占据 7 席，合计市场份额达到 56%，是芯片设计领域的绝对王者。如果算上 IDM 的英特尔，美国在 IC 设计领域的份额将更高。[③]

在晶圆代工领域，全球前十大晶圆代工厂中，中国占据两席，中芯国际排名

①　专家：我国核心关键技术对外依存度高达 50%［N］. 经济参考报，2017 - 12 - 05.

②③　资料来源：VLSI Research，SEMI，恒大研究院。

第四、华虹排名第八，总共市场份额达到 7%；美国 Global Foundries 排名第二，市场份额 11%。台积电为纯晶圆代工领域绝对龙头，市场份额达到 59%。除了销售收入的差距，从工艺升级路径来看，中芯国际与台积电的技术工艺水平差了三代[1]。

三、结论

面对我国日趋多样化的消费需求与巨大的出口压力，逐渐扩大进口对我国的经济发展具有很大作用。首先，从总体上而言，加强进口可以促进对外贸易平衡发展，对于统筹利用国内外两个市场、两种资源，缓解资源环境瓶颈压力，加快科技进步和创新，改善居民消费水平，减少贸易摩擦，具有重要的作用。尤其是中国已经成为全球第二大经济体、进出口规模最大的国家，促进贸易平衡发展有重要的意义。

其次，尽可能地满足人民对美好生活的需求，为消费者提供更多选择。因为进口关税较高，中国人购买进口优质商品的成本过高，在当前收入提高后消费升级的阶段，如果不降低关税满足人民对进口商品的需求，人们就会通过境外购物或代购的形式实现。

最后，可以促进产业升级。中国正在推动高质量发展，通过创新实现更高效率的增长。但是，质量、效率与创新等需要有一个更强的竞争环境，没有竞争就没有质量、效率的提升以及创新的发展。通过进口引进高质量产品、技术和服务，来推动中国企业在产品质量、技术含量等方面的提升。

从总体来看，适度扩大进口可以促进我国经济的长远发展，优化贸易结构，从多方面推动和促进中国经济高质量发展，也能够让更多国家分享中国经济发展的红利。

第四节　贸易顺差现状与弊端

一、贸易顺差与增加值剪刀差

改革开放以来，中国对外贸易的发展取得了重大进展。多年来的贸易增长率

---

[1]　任泽平：中美科技实力对比：关键领域视角［J］. 泽平宏观，2018 – 11 – 5.

远大于 GDP 的增长率，40 多年来，按照可比价格计算，中国 GDP 年均增长约 9.5%；以美元计算，中国对外贸易额年均增长 14.5%。①中国的贸易顺差愈演愈烈，造成贸易顺差的因素有很多。其中一个重要原因是经济转型时期，加工出口比重大必然会形成贸易顺差。从微观层面看，出口退税、出口融资相对便利、出口市场的稳定性和信誉度等各种因素导致企业更乐于开拓国际市场。

近几年顺差上升的一个显著原因便是中间产品进口规模的扩大。根据中国海关数据整理得出，1995 年，中国货物贸易的进口总额是 1321 亿美元，其中中间产品的进口规模达到 510 亿美元，占总额的 38.6%。2016 年，我国中间产品进口规模为 3570 亿美元，占我国进口总额的比重依然高达 22.5%。而这些进口的中间产品，大部分以最终产品形式出口到了美国等其他国家。中国处在产业链条的终端，按照贸易总值统计，大量的出口就变成中国对外的顺差了，中国承担了产业链条上很多国家的顺差转移。

虽然服务贸易方面仍存在逆差，但尚无法抵消货物贸易的顺差。

据海关统计，2017 年，中国货物贸易进出口总值 27.79 万亿元人民币，连续多年居全球第一，增长 14.2%，扭转了此前连续两年下降的局面。其中，出口 15.33 万亿元，增长 10.8%；进口 12.46 万亿元，增长 18.7%；贸易顺差 2.87 万亿元，收窄 14.2%。其中，中国与美国的顺差为 3772.3 亿美元，与日本的顺差为 315.6 亿美元，与韩国的逆差为 442.7 亿美元，与德国的逆差为 -170.3 亿美元，与法国的顺差为 487.7 亿美元②。

一个国家在进行出口品的生产过程中，会使用大量的国内中间品和进口中间品及服务，生产的出口品总值减去中间品和服务，即为出口品的直接国内增加值。而在国内中间品和服务的生产中，也会产生国内增加值，这是出口品的间接国内增加值。出口品的直接国内增加值和所有间接国内增加值之和，就是出口的完全增加值，即该国在生产这一出口品中所产生的总国内增加值，这与生产法核算 GDP 的方法是一致的。随着全球化分工的日益深入，一国的出口品生产经常大量使用其他国家或地区的进口品作为中间投入，出口品是很多国家共同生产的结果，出口的国内增加值远小于出口总值，因此以出口总值来进行贸易核算将大大高估出口国的贸易利益所得，而出口的国内增加值能更准确衡量出口国的贸易利益所得。

出口对一国经济的拉动作用不仅表现在贸易规模，更多体现在出口的国内增

---

①　《习近平博鳌亚洲论坛 2018 年年会开幕式主旨演讲》，2018 - 04 - 10.
②　央视系列报道：给中美贸易算笔账。

加值上。全球价值链分工背景下出口增加值更能有效衡量一国的真实出口水平。尽管中国出口的全球份额不断提高，但出口产品的国内增加值占出口总额的比重却明显偏低。

在全球化不断向纵深化发展的今天，国际分工日益精细，每一种产品的研发、设计、生产、销售等过程都不是来自某一个国家，而是由多个国家通力合作完成，每个产品从原材料到最终到达消费者手中，可能很多国家的不同企业都承担了某个环节的工作，对产品价值做出了贡献，所以整个链条就被叫作"价值链"。

衡量一个国家的出口状况，一方面要衡量其出口规模，另一方面应该衡量其出口附加值。我国的出口规模占据世界第一位，但是从附加值来看，我国的出口贡献在全球价值链中仍然处于"微笑曲线"的底端。由于加工贸易的原材料和核心零部件（如航空发动机、电子芯片等）很大比例来自国外，中国从单位出口中获得的经济利益相对较低，这一数据在10%～20%之间。

中国出口产品国内增加值占比偏低，一方面折射出中国在全球价值链的"垂直分工"地位仍旧偏弱。另一方面从横向看，据OECD的估算，中国出口总值国内增加值为67.8%，而同时期的日本、美国等成熟的制造业发达国家分别达到了85.3%、85%，以色列、印度也达到了74.7%、75.9%的高位。

根据OECD的测算，我国出口产品的国内附加值比重约为68%，在主要经济体中处于中等偏低水平。纺织服装的国内附加值占比也仅仅处于世界中等水平；自动数据处理设备、无线电话机配件、计算机和电子产品的整体附加值比重只有45%，远低于其他国家，尤其是美国、日本等发达国家的附加值占比都超过80%。附加值高的经济体主要有两类，一类是巴西、阿根廷、澳大利亚等资源和原材料出口为主的国家，自然资源丰富决定了其国内附加值的比重较高；而另一类则是日本、美国等科技创新较强、出口高技术和高质量产品的国家，这些国家出口产品的国内附加值占比普遍超过85%。而中国、越南、泰国、韩国、新加坡等亚洲制造业国家国内附加值占比则较低，这主要是因为这些经济体的资源品不是特别富有，在技术、创新和质量控制等方面和发达国家还有一定差距，在国际分工中我国处于"微笑曲线"的中间区域。例如，加工贸易在我国出口中的占比依然有34%[①]。

根据IHS iSuppli 2015年的报告，售价349美元的iWatch，生产成本大约为83.7美元，绝大部分价值被苹果公司创造并拿走。在生产成本中，美国的公司贡献了接近40美元的价值，日本生产的储存器贡献了7.2美元价值，中国生产

---

① 李迅雷. 从出口竞争力看我国研发投入的结构性问题［R］. 2017 – 12 – 05.

的电池、附带配件等贡献的价值可能不足 7 美元，组装测试成本仅 2.5 美元。此外，奥地利、意大利、法国等国的企业对 iWatch 价值也有贡献。再如 iphone 出口，中国出口一个 iPhone，除去各种成本，其产品增加值其实只有 7 元人民币，但是最后在出口额上面却体现了 7000 元，贸易顺差是按照出口价而不是增加值计算的，因而也夸大了中国的出口，如果按增加值计算，中美贸易顺差就没有那么大，将进口的其他国家制造的元部件价值剔除掉，附加值占比是衡量一国出口竞争力的重要指标①。

中间产品的增加值不仅影响企业的直接利润，在出口关税上也会有影响。由于产品内分工，产品需要多次跨越国境导致多次征收关税和增加运输成本；同时，关税是对总进口而不是对出口国的增加值征收关税，出口必然还承担出口中所包含的他国增加值的税收，所以征税会造成累积效应。我国的加工制造附加值越低，征税中他国的部分就越多，往返进出口次数越多，关税等贸易壁垒的累积效应以及波及范围就越广。

对中国出口产品的增加值进行分析，我们可以知道，中国加工出口的国内增加值率远低于非加工出口。加工出口比重较高是中国出口的国内增加值率较低的一个重要原因。

二、贸易摩擦增加

1995～2017 年，中国共遭遇近 50 个经济体发起的 1269 次反倾销贸易调查，连续 23 年成为全球遭遇反倾销调查最多的国家。伴随部分发达经济体"再工业化"、中国制造业产业结构转型升级，中国和部分发达国家在部分中高端制造领域的产业重合度提升，贸易摩擦风险仍然存在。

美国是中国主要的顺差来源国，因而与美国的贸易摩擦业最多。其他国家则相对较少。特别是自 2018 年以来，中美之间冲突不断增加。

德国对中国企业的警惕同美国的做法如出一辙，中德之间的贸易摩擦也在逐渐升级。例如，德国经济部长阿尔特迈尔希望"更好地保护德国公司免受中国投资者的影响"，要求将之前中企收购德国公司股权的审查线，从 25% 降低到 20% 、15% 甚至 10% ，以限制中企购买德企股份。

反倾销问题是中法贸易关系中的一个障碍。2016 年初，马克龙任经济部长时曾对中国钢铁工业实施反倾销。在竞选总统时马克龙提出支持"购买欧洲货法

---

① 从 iWatch 的价值链说起：庞大出口背后，中国赚多少钱？[J]. 海通证券专题报告，2017（7）.

案"，强化欧盟反倾销尤其是对中国产品的反倾销。在这些政策的规制下，法国对中国产品的反倾销可能还会发生，这方面的中法贸易摩擦也很难避免。

第五节　进口对经济的作用

发展经济学理论主张出口导向、进口替代。国际贸易理论认为，进口导致资金外流，挤占本国市场。经济学理论认为进口是国民经济的漏出项，不利于本国经济的增长，出口是国民经济的注入项。因此，贸易政策聚焦于如何促进出口、限制进口，以增加国内生产总值增长。直至20世纪90年代，才逐渐有学者开始关注进口贸易对经济发展的作用。既有定性分析，也有定量分析。研究结果主要聚焦于进口对进口国的溢出效应和竞争效应。主要表现为进口国对先进管理理念、先进技术的模仿学习，从而有利于进口国提高劳动生产率。竞争效应主要是由于中间品进口的增加，加剧了国内市场的竞争，倒逼进口国政府和国内企业提高生产要素利用效率和加大研发投入，最终对高新技术产业整个行业全要素生产率的提高起到促进作用。

一、消费改进效应

一般而言，进口商品对国内商品或是补充或是替代，因此，进口消费品对国内消费有一定导向作用。对国内具有替代性的高端商品进口能提高消费档次，进而促进消费升级。具有补充性的新产品进口，能够拓宽消费领域。进而逐步改变居民的消费选择和行为，逐步形成新型的消费市场。面对进口竞争和跟进，能够带动和刺激国内企业对新消费品的跟进和生产，最终促进国内产业发展，使消费成为经济增长动力。

二、竞争促进效应

竞争效应更多地表现为中间进口品数量的扩大、种类的增加和质量的提高，从而加剧了国内市场的竞争，迫使进口国政府和国内企业提高生产要素利用效率和加大研发投入，最终对高新技术产业整个行业全要素生产率的提高起到促进作用。

我国以前的贸易以来料加工为主，主要是以原料、中间品进口为主，支撑出口，为加工贸易，而不进入国内市场，对国内企业的出口竞争力有较大的促进作用。而进口中的消费品仅占不到 10%，关税壁垒的存在保护了国产的消费品，同时也弱化了国产消费品应对国际品牌的竞争力。在当今进口意义不同，一方面，在有限保护下，主动扩大进口，降低关税，国内企业将面临很大的竞争压力，技术的引进导致了国内厂商之间以及行业之间的竞争、国内同类产品的厂商与国外对手之间的竞争。技术进口获得的超额利润，会引起同行业的其他厂商竞相模仿和竞争，并且迅速掌握该技术或者类似技术，因此整个行业的技术水平和劳动生产率都将得到提高。另一方面，某一行业大量的进口，必然会减少国内企业的市场份额，从而倒逼国内企业不断地增加研发投入，提高自身的技术水平，进行模仿、吸收和创新。进口为本国的同类企业引入了竞争，外部的竞争能够很好地激活国内经济的活力，促使企业的研发与创新行为，提高产品的质量和生产效率，推动了整个产业的技术进步。

三、进口装备的奠基效应

从需求收入弹性看，装备产业具有较强的增长潜力。世界各国工业化经验表明，装备产业的快速增长是工业化中期的主要特征。从产业关联基准看，几乎所有装备产业的产业影响力系数都大于 1，因此，装备业的发展能推动产业结构优化升级，促进经济结构调整。第二次世界大战后的德国和日本，由于本国装备产业不能满足其需要，在引进和资本的前提下，装备业快速升级，进而促进了工业化快速推进。装备进口对于今天的中国来说具有非常重要的意义，通过制定相应的进口政策，有效地利用装备进口所发挥的奠基作用，提升整个工业结构升级。

四、产业配套效应

随着产业分工越来越细，没有一个产品能够一国完成，尤其是高端制造业，中国正在大力发展培养高端制造业，而高端制造业的发展不是孤立的，比如大飞机制造，需要很多其他产业的配套。因此，要发挥进口的产业配套作用。通过进口可模仿、可吸收的高新技术产品，进一步推动产业配套升级。可以说，进口已经成为中国经济新的战略抓手。

五、产业转型升级助推效应

中国全要素生产率、劳动生产率偏低。根据世界货币基金组织（IMF）的数据，2017 年中国劳动生产率为 1.3 万美元，美国 11 万美元，中国约为美国 12%[1]。这客观地要求我国通过扩大进口引进先进技术，从而提高经济产出效率。

通过扩大进口可以引进国外先进技术设备，提高中国生产技术水平，促进产业升级，将在缩短中国同世界发达国家的技术差距等方面起到巨大作用。

一是通过进口先进技术和设备，中国企业可以在此基础上模仿或者进行二次创新，从而缩小与国外的技术差距，提高劳动生产率。

二是通过进口先进技术和关键设备，通过使用新技术改造中国传统产业，进而促进产业结构调整和优化产业结构。

第六节　进博会与广交会联动，促进贸易平衡

我国的进口需求在不断上升，国际贸易理论与实践已经发展到企业异质性与工序分工产品内贸易阶段。具有竞争力的优势企业发展成为一个产品集成平台，在全世界寻找具有成本优势的工序成品生产基地，然后集成其产品，国际贸易转化为有形的中间品贸易和无形的服务贸易，然而国际贸易的核算则依然是以最终产品贸易额为对象，不断创造增加值的中间产品则没有被剔除，导致了国际贸易顺差与增加值的偏离。因此，扩大中间品贸易，既能扩大本国的增加值，又能减少贸易顺差。

一、如何以广交会提升中国的贸易质量

广交会坚持建成经贸强国奋斗目标，坚持新发展理念，全面提升国际化、专业化、市场化和信息化水平，推动中国外贸转型升级和高质量发展，促进"中国制造"向"中国创造""中国品牌"和"中国服务"升级。随着中国改革开放进程的逐渐深化，广交会也呈现了主体更丰富、商品结构更多样、出口市场更多元的"三更"趋势，并从企业、商品和市场三个层面提升了中国贸易的质量。

自广交会开展以来，参展企业更丰富，改革开放前，中国外贸经营权高度集中，只有 13 家外贸专业总公司参加了第一届广交会。在改革开放之后，企业的形式呈现多样化的发展，除了外贸总公司外，还有生产企业、外资企业和各类新

---

① 贸易冲突下中美经济实力之理性对比，http：//www.udc-consulting.com/zhengceyanjius.aspx？id = 8235。

兴企业不断成立，中国作为庞大的地区市场也吸引了世界各国大集团的注意力，中国外贸也呈现了大外贸的趋势。而广交会也多次改革组展体制并紧跟潮流，吸引了更多的生产企业、民营企业和外商投资企业参加展会，形成不同类型的、不同所有制企业模式，共同开拓国际市场。

（一）不断提高专业化水平，进一步增加品牌展位

广交会依托中国坚实的制造业基础，紧密结合对外经贸发展的经验，商品结构更丰富，抓住市场迭代的浪潮，吸引了一大批行业龙头和高新技术企业参展。所参展的产品也从当初最为初级的工业产品向品牌化、智能化、高端化、定制化转变。进一步增加品牌展位，进一步吸引具有更多自主知识产权、自主品牌、高附加值的企业参展，提升中国对外贸易的增加值，而不仅仅是贸易额。

（二）推动贸易结构持续优化升级

自从改革开放以来，中国政府就不断推动者贸易多元化的发展。在巩固并深化传统出口市场份额的同时还鼓励企业扩大新兴出口国家的份额。广交会将继续积极贯彻国家多元化市场的战略，以扩大在全球的经销网络，辅助推动参会厂商向新兴市场地区扩展市场，进一步促进拓展贸易领域，促进贸易多元化的发展。

（三）加大知识产权保护力度，培育自主品牌

2004 年广交会设立品牌展区，坚持"以质取胜"战略不动摇，坚持打造中国品牌、中国品质。近年来，通过举办设计展示系列活动、创办广交会出口产品设计奖，引导中国企业不断创新，推出新产品新品牌，提高了口国设计、中国创造和中国品牌营销能力。

此外，广交会注重知识产权的保护，已成为全国展会版权保护示范基地。广交会高效的知识产权不但增强了中国企业创造和保护知识产权的意识，也树立了维护公平贸易的良好国际形象。只有进一步加大知识产权保护力度，才能更好地鼓励企业创新，培养自主品牌，增加产品的附加值，增强在国际贸易中的竞争力。

（四）加强与"一带一路"国家合作，以此提升中国企业的价值链位置

中国与"一带一路"沿线国家的经贸投资不断增长，呈现良好的发展态势。2017 年，我国与沿线国家贸易额 7.4 万亿元人民币，同比增长 17.8%，增速高

于全国外贸增速 3.6 个百分点。其中，出口 4.3 万亿元人民币，增长 12.1%，进口 3.1 万亿元人民币，增长 26.8%；我国企业对沿线国家直接投资 144 亿美元，在沿线国家新签承包工程合同额 1443 亿美元，同比增长 14.5%。① 进口博览会是检验、评估、完善"一带一路"合作机制的重要契机。应利用这个契机在增进贸易平衡基础上扩大对外出口；为中国出口企业拓展与"一带一路"沿线国家的贸易网络，通过与"一带一路"沿线国家贸易，提升中国企业的价值链位置，提升贸易增加值率。

二、如何以进博会促进中国的进一步开放

（一）以扩大中间产品贸易为核心，促进贸易平衡

CIIE 的展品与服务涵盖了 6 大类，展示了中国进一步对外开放的领域与方向。但以最终产品为主，初级产品、中间产品基本不会参展。在众多产品的采购中，应首先考虑进口产品的中间产品的提供能力。作为一家最终产品生产企业，在全球布局产业链的时候，中国可以提供的贸易中间品与服务及附加值尤为重要。通过提升中国中间品贸易比重，提高贸易附加值，以进口带动出口，促进进出口的贸易平衡。

（二）有选择地扩大进口国与进口商品

进博会作为全球化的公共服务平台，应当首先突出"多对多"的全球化意义，应适当扩大对美国、欧盟等存在贸易顺差的国家或地区的进口，扮演进口大国的角色。有意识地扩大对欧盟、美国、日本等进口商品和服务。尤其是引进日、德、法等国家的关键技术和资本品等，以促进中国的产业结构转型、技术水平升级；引进美国的高科技产品、能源与农产品、一般消费品，以及服务贸易的等，促进中美贸易的跨部门平衡。

（三）以进博会推进"两单合一"，扩大市场准入

中国目前的全国外商投资负面清单与自贸试验区外商投资负面清单不一样。应以进博会为契机，逐步实现两单合一，积极发挥负面清单的作用，扩大市场准

---

① 商务部：2017 年我国与沿线国家贸易额同比增长 17.8%，http://finance.sina.com.cn/china/gncj/2018 - 01 - 25/doc-ifyqyuhy6272069.shtml。

入。随着美国制造业回流，以及中国企业综合成本的上升，中国不仅要留住已有的外资企业，还要吸引新的外资，按照国际管理利用外资，不同所有制的企业一视同仁。让外资不仅进得来，还要留得住。

（四）通过签订双边货币互换协定，促进双边贸易和投资

双边货币互换可以使两国的贸易企业从中受益，对各进出口企业来说，货币互换进行贸易可使两地的进出口企业免去外汇收支进行套期保值的交易成本。

对于我国来说，可以让外国企业以人民币购买中国产品，大大增加了中国出口产品在外国的竞争力，能刺激中国产品的对外出口，使中国的出口企业受益。外国贸易企业在进口中国产品时，也可以规避汇率风险，降低汇兑成本，便利结算手续，所以货币互换可以促进一国对外贸易出口。

三、进口与出口联动，促进贸易平衡

（一）以进口带动出口，促进中国产业升级

首先进博会打开了国外产品技术与中国交流的大门，为其他国家与中国企业扩大贸易提供了平台，鼓励外国企业将更具竞争力、更优质的产品带到中国，倒逼中国国内企业改革，改善产品设计，通过增强实力进一步提升出口。其次，是消费拉动效应，会展本身能够创造巨大的经济效益，直接推动商贸、旅游业的发展，同时还可以带动周边相关产业的发展，并逐渐形成以会展活动为核心的经济群体。最后，进博会推动城市区域经济发展和城市营销。会展的成功举办不仅能够提高城市的知名度和美誉度，而且还能够提供大量就业机会。进博会的成功举办促进了上海营商环境和全球影响力。

（二）以进口带动出口，提升中国的价值链

首先，进博会将会加快行业整体"产学研用融"步伐。通过展会展示的产品，不断满足客户多元化的需求，尤其是近年来，在不断提升原有服务水平的基础上，加大对产业链上各环节的投入，力争端与端间无缝对接。其次，进博会积极推动国际合作加速服务贸易发展。世界服务贸易呈现恢复性增长态势，数字技术成为推动全球服务贸易增长的新动能。全球服务经济正在进入一个新时代，服务贸易自由化潮流不可逆转。2018 年是中国改革开放 40 周年，大力发展服务贸易，扩大服务业开放已成为中国深化服务贸易创新试点、推进自由贸易试验区和

自由贸易港建设的核心内容。2018 年上半年，中国服务贸易地位继续提升。上半年，服务贸易占对外贸易总额的比重达 15.2%，服务进出口增速高于同期货物进出口增速 0.6 个百分点，高于同期国民经济增速 1.7 个百分点。同时，服务出口增速高于进口增速 7.5 个百分点，服务贸易逆差 2010 年以来首次出现收窄。服务贸易结构进一步优化。新兴服务贸易进出口 8466.7 亿元，增长 19%，高于整体增速 10.5 个百分点。旅行、运输和建筑等三大传统服务贸易占比下降 2.5 个百分点①。大力发展服务贸易，是中国与世界各国深化合作的重要领域，是中国深度融入经济全球化进程、提升全球价值链地位的重要途径。

（三）以进口带动出口，改善国际收支结构

2018 年第二季度，中国经常账户顺差 53 亿美元，其中货物贸易顺差增长，服务贸易逆差稳定。非储备性质的金融账户顺差 300 亿美元，直接投资净流入 248 亿美元，双向保持在较高规模②。国内强劲需求增加进口，人民币相对贬值，出口贸易转暖。外汇储备的增减更直接影响人民币外汇占款的规模，进而影响信贷资金的投放。因此，国际收支状况可以影响国内信贷平衡，对金融调控也至关重要。

（四）自贸区与进博会联动，促进进出口平衡

进博会与自贸区具有异曲同工之处，都是创新设计，其战略都是进一步扩大对外开放。可以通过制度联动进一步促进开放与贸易平衡发展。进博会中遇到的问题，可以通过自贸区的制度创新探索解决方案，破解制度瓶颈。进博会将成为 21 世纪海上丝绸之路的重要枢纽和全国新一轮改革开放的先行地，在自贸区内积极承载进博会催生的贸易和会展等相关产业，自贸区内的特色优势产业可以与进博会相关产业进行跨界融合，加速跨境、转口、离岸等产业形态的发展。进博会各大展区成为中国重要的进口贸易平台，可以与自贸区贸易平台以及综合服务平台联动，进一步提高平台的竞争力，进一步扩大进出口贸易。自贸区企业积极利用进博会企业展区这一重要平台与参展商进行交流。国外参展商充分利用自贸区内优越的营商环境和便利的贸易投资条件，找到打开中国市场大门的"金钥匙"。上海自贸区近年来不断进行制度创新，大幅"瘦身"的"负面清单"解绑

---

① 王轶辰，我国服务贸易保持较快增长态势［N］. 经济日报第 7 版（产经），http：//paper. ce. cn/jjrb/html/2018 −09/19/content_372919. htm。

② 外汇局：中国第二季度经常账户顺差 53 亿美元，http：//www. sohu. com/a/256753525_114986，2018 −09 −28。

了对外资的诸多限制，而与之配套的"外商投资备案管理"则加速了外资项目在中国市场的落地。2018 年前 10 个月上海自贸区创造的进出口总额占同期上海市进出口总值的 42.9%。2018 年 6 月，上海自贸区挂牌后新设外商投资企业 8696 个，吸引合同外资 1102.4 亿美元①。作为中国成立最早的自贸区和中国首届国际进口博览会，上海自贸区和进博会的独特联动已成为扩大进出口、拉动经济增长的"双引擎"。

---

① 中国新闻网，http：//news. cctv. com/2018/11/25/ARTIjfXJnxfw07LZuTBlYnZa181125. shtml。

第六章

自由贸易区（港）建设经验
与中国开放契机

第一节　中国内地、中国香港、新加坡、阿联酋的
国际贸易便利化对比分析

一、国际贸易成本指标对比

中国内地海关通关程序的问题主要表现在通关时间长、流程烦琐、正确率低、通关模式不明确，从而导致贸易便利化在本质上难以实现。同时，各个政府部门之间配合程度不够，从而使得企业的一次申报目标并没有真正得到实现。例如：进出口商需要完成一笔业务，需要在与贸易有关的各个政府部门之间多次办理相关手续并递交材料，企业需要递交的内容大致重复，但各政府部门要求的标准不一，给企业的合法合规申报带来了困难。

为有效促进中国内地海关通关过程的便利化，要同时实现信息联通、设施共同及互相合作目标。信息联通主要是指在电子口岸平台的基础上实现口岸管理部门信息①的共享共用和互相合作；设施共用主要指为进出口货物和人员提供一站式服务，即依据《贸易便利化协定》的标准，实现货物的进出口以及人员的流动在同一地点办理相关手续，而不是相同的手续要经过好几个部门；并在此基础上应同时加大对口岸基础设施的统筹使用能力和改造力度，并对即将设立的口岸的基

---

① 信息主要指进出口货物以及人员的相关信息和进出口企业的相关信息等。

础设施场地进行统一规划。

通过对表 6 - 1 的国际贸易成本指标对比可知，中国内地除了在遵守出口文件要求的费用、进口文件要求的费用、出口关境要求的时间消耗上比阿联酋低以外，其他相关的国际贸易的进出口成本的通关成本（无论是通关时间消耗还是通关所需要的花费）的指标都要比中国香港、新加坡、阿联酋要高。

表 6 - 1　　　　　　　　　不同经济体（城市）的国际贸易成本对比

经济体（城市）	中国内地	北京	上海	香港	新加坡	阿联酋
出口时间：文件要求（小时）	21.2	30	14	1	2	6
进口时间：文件要求（小时）	65.7	80	54	1	3	12
出口时间：关境要求（小时）	25.9	29	23	2	10	27
进口时间：关境要求（小时）	92.3	117	72	19	33	54
出口成本：文件要求（美元）	84.6	78	90	57	37	178
进口成本：文件要求（美元）	170.9	196	150	57	40	283
出口成本：关境要求（美元）	484.1	425	533	0	335	462
进口成本：关境要求（美元）	745	690	790	266	220	678

资料来源：世界银行，doing business 2018 年数据库，http：//www. doingbusiness org/Custom - Query。

二、贸易促进政策绩效（trade facilitation indicators，TFI）对比

TFI 指数的提出最初旨在衡量 OECD 国家实施的特定贸易便利化措施对经济和贸易的影响。TFI 指标值范围为 0～2，最高分为 2 分，对应最好的表现。TFI 整个指标体系具体分为 3 个方面（共 11 个指标）：口岸效率与海关环境（信息的可利用性、费用、文档手续、程序手续、自动化手续）、规制环境（贸易社区参与度、推进裁决、上诉、治理与公正）、国际合作（边境外部机构合作、边境内部机构合作）。

从 2017 年中国的 TFI 指标上来看，体现在信息可获得性、贸易社区参与度、推进裁决、收费、手续、边境内部机构合作、治理和公正等方面，在样本里达到或超过中等收入国家的平均水平。其中，在信息可获得性、上诉程序、文件、治理和公正方面，2017 年指标比 2015 年指标值有所提高，但贸易社区参与度

（trade community involvement）指标①明显下降。

另外，通过中国内地与其他经济体的贸易促进政策绩效 TFI 比较看出，从构成的 11 个分指标分别来看，除了在推进裁决、管理和公正领域、内外部边界机构合作三个指标上要比阿联酋表现较好以外，其他指标都要比中国香港、新加坡及阿联酋表现较差。②

三、中国内地贸易促进政策及无纸化贸易情况与亚太其他经济体对比

从 2017 年亚太地区贸易促进政策及无纸化政策实施情况来看，除落后于澳大利亚、韩国和新加坡以外，中国内地排名靠前。③ 需要指出的是中国内地的无纸化贸易制度（包括单一窗口和海关电子数据交换系统）（customs electronic data interchange system）实施效果表现突出。为提升口岸通关效率，简化通关手续，加快货物进出口进程，优化海关环境，我国于 2001 年颁布《关于进一步提高口岸工作效率的通知》，提出开始着手实施"大通关"计划。2014 年底，国务院印发《落实"三互"推进大通关改革方案》，该方案提出实现贸易商通过"单一窗口"一次性向相关部门进行申报，且申报结果一次性反馈给申报人。2015 年 4 月国务院在《关于改进口岸工作支持外贸发展的若干意见》中，要求 2015 年底在沿海口岸、2017 年在全国所有口岸建成"单一窗口"的目标。目前我国"单一窗口"建设主要还是落实关检合一，实现"三互"，即实现口岸管理相关部门信息互换、监管互认、执法互助。"大通关"的实施取得了阶段性进展，即实现了信息的联通和设施的共用。

四、国际物流绩效指数对比（international logistic performance index，LPI）

LPI 是一国在以下六个关键维度上的加权平均值：（1）边境管制机构（包括海关）清关过程的效率（即手续的速度、简单性和可预测性）；（2）贸易和运输

---

① 该指标意思包括：协商结构；建立协商的既定准则；草稿的发布；通知和评论框架的存在（structures for consultations；established guidelines for consultations；publications of drafts；existence of notice-and-comment frameworks）。

② 相关数据参见网站 http：//www. compareyourcountry. org/trade – facilitation。

③ 相关数据参见 2017 年亚太地区贸易促进政策及无纸化政策实施情况，https：//unnext. unescap. org/AP – TFSurvey2017/index. html。

相关基础设施的质量（例如港口、铁路、道路、信息技术）；（3）安排有竞争力运输价格的能力；（4）物流服务的能力和质量（例如运输经营者、海关经纪人）；（5）跟踪货物的能力；（6）在预定或预期的交货期内到达目的地的装运时间。

从构成国际物流绩效指数的六个组成部分来看，中国内地均低于新加坡、中国香港和阿联酋。[①]

五、班轮运输的连接性指数（liner shipping connectivity index，LSCI）对比

联合国的各国班轮运输的连接性指数（LSCI）反映了各经济体与全球班轮运输网络的联系。LSCI 指数由 5 个部分构成：船舶数量、船舶总载货能力、最大船只尺寸、服务的数量以及为集装箱船只提供港口服务的公司数量。从表 6 - 2 可知，中国内地 LSCI 指标均要比日本、新加坡、中国香港、韩国以及阿联酋表现要好。

表 6 - 2　　　　　　　　2004～2017 年班轮运输设施连接性指数

年度	中国内地	中国香港	日本	韩国	新加坡	阿联酋
2004	100	94.42	69.15	68.68	81.87	38.06
2005	108.29	96.78	66.73	73.03	83.87	39.22
2006	113.1	99.31	64.54	71.92	86.11	46.7
2007	127.85	106.2	62.73	77.19	87.53	48.21
2008	137.38	108.78	66.63	76.4	94.47	48.8
2009	132.47	104.47	66.33	86.67	99.47	60.45
2010	143.57	113.6	67.43	82.61	103.76	63.37
2011	152.06	115.27	67.81	92.02	105.02	62.5
2012	156.19	117.18	63.09	101.73	113.16	61.09
2013	157.51	116.63	65.68	100.42	106.91	66.97
2014	165.05	115.99	62.14	108.06	113.16	66.48
2015	167.13	116.76	68.82	113.2	117.13	70.4

---

① 相关数据参见世界银行国际 LPI 数据库，LPi. worldbank. org。

续表

年度	中国内地	中国香港	日本	韩国	新加坡	阿联酋
2016	170.85	100.5	73.9	112.55	119.53	73.12
2017	158.76	105.43	66.42	109.94	115.07	73.65

资料来源：UNCTADSTAT，http://unctadstat.unctad.org/wds/TableViewer/tableView.aspx。

六、主要结论

第一，在国际贸易成本构成中，中国内地在国际贸易的通关成本（时间和花费）要比中国香港、新加坡、阿联酋要高。

第二，虽然 2017 年中国实施贸易促进政策较 2015 年取得了良好效果，总体而言，从 TFI 的 11 个构成指标分别来看，中国内地相比中国香港、新加坡要差，和阿联酋经济体相比，有些指标也表现欠缺。2017 年在亚太地区贸易促进政策及无纸化政策的总体表现上，中国内地的无纸关贸易制度实施效果表现突出，排名靠前，但在亚太地区仍落后于澳大利亚、韩国和新加坡。

第三，虽然中国内地在班轮运输设施及服务能力（LSCI）表现较强，体现出海运较好的基础设施水平，但国际物流绩效指标（LPI）均低于新加坡、中国香港和阿联酋。

在贸易便利化领域，中国内地已取得了一定的成绩，但距离发达经济体还有很大差距。"1+3+7"自贸试验区建设及成功经验复制对降低中国内地国际贸易成本起到了重要的促进作用，但仍面临不小的挑战，如进出关境需面对过于繁琐的海关文件要求或程序，将来无论是自由贸易区或自由港建设，都应提升"事后监管"能力。

第二节　监管政策差异、服务贸易成本与服务产品标准化

一、服务标准化政策、政府服务监管合作降低服务贸易成本的经济学解释

近些年来，随着服务贸易显性壁垒的下降，区域间合作增多，服务贸易协定越来越关注贸易和投资的边境后壁垒和监管合作。服务贸易成本主要来源于对服

务企业的监管政策，而这大多数属于关境后措施（behind the border regulations），这种监管政策除一部分可以形成对服务企业的市场准入限制外，各国对服务企业监管政策的差异也会成为阻碍企业进入国际市场的一种壁垒。因比我们建议在建立双边贸易协定时加入政策协调内容。

欧盟在区内推行服务贸易自由化时就深感因各国管制不一所导致的困扰。例如对于审计业，无论是产品的跨境交付，还是人员过境提供服务，或对于外资设立审计公司内部管理的规定等方面各国政策都千差万别，这成为服务贸易跨境提供的最主要障碍（Maijoor et al.，1998）。欧盟委员会服务战略和评估中心①（2001）曾经做过一项针对大量的欧盟国家服务贸易企业的调查，结果显示44%的服务企业认为市场进入固定成本是一个影响它们在国外市场设立经营机构的非常重要的壁垒。科斯和雷左尔（2006）认为服务供应商为应付不同国家的规定，必然会增加进入市场的固定成本，他们研究结果表明如果没有这样的成本，欧盟2004年内部服务贸易额将会增加30%～62%，服务贸易FDI可增加18%～36%。诺达斯（2016）进一步指出各国对服务业监管政策的异质性要超过监管强度对服务贸易的影响。

我们可以通过图6－1来说明监管政策异质性所造成的"固定成本"效应。当一个国家的企业准备向多个贸易伙伴国进行服务贸易出口时，如果两个国家之

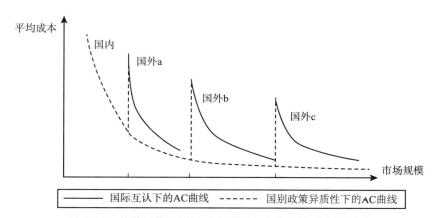

图6－1　监管政策异质性对金融服务企业平均成本的影响

资料来源：Kox and Lejour，2005，"Regulatory heterogeneity as obstacle for international services trade" CPB Discussion Paper 49，CPB Netherlands Bureau for Economic Policy Analysis.

---

① Centre for Strategy & Evaluation Services/European Commission（CSES），2001，*Barriers to international trade in business services – Final Report*.

间存在监管异质性，则它面临双重的合规成本。每进入一个出口市场，该企业首先得支付因监管异质性所带来的固定的市场进入成本，企业面临成本骤升后缓慢下降的情况，这样在另一层面上削弱了由市场规模扩大带来的规模效应，减少了服务贸易的规模。并且，由于这种"固定成本"是一次性支付的，且与企业的规模无关，因此其对中小企业造成的影响超过对规模更大的企业的影响。

我们可以考虑通过国家之间进行监管政策合作协调，或者实施服务产品标准化后，可以降低参与方服务贸易成本，并取得福利的增加。

二、WTO 关于货物贸易标准化与监管的相关规定

国家标准和监管措施可能会故意或无意地成为贸易壁垒。国内监管人员可以倾向于使用"提高竞争对手成本"的标准，或使用歧视外国供应商的标准来作为贸易保护主义工具之一。这促使了关贸总协定/世贸组织在商品贸易产品标准方面的谈判和特定条例。目前世贸组织在这方面的主要协议是"技术性贸易壁垒协定"（TBT）和"卫生与植物检疫措施协定"（SPS）。TBT 协议涉及政府对商品实施的技术要求（强制性标准），而 SPS 协议涉及农产品（食品，动植物健康）的健康和安全相关规范。世贸组织设定 TBT 与 SBS 标准的目的：可避免在食品、植物生命和动物的生产、贸易和消费中出现的健康和安全问题；避免疾病传播的可能性等。这两项协议都被世贸组织成员纳入国家法律或由政府做出的强制性规定。原则上，无论企业位于何处，采用通用的产品国际标准都能降低因针对相同产品而采用不同标准而产生的贸易阻碍效应，并促进国际贸易的发生。

技术性贸易壁垒协定起源于 1970 年，对这一协定谈判的启动在东京回合，并被包括在 GATT 协定中作为其中一项核心协定，对全部成员适用，且是强制性的手段。目的是为了防止有些国家除了通过关税外，用另一种手段歧视外国产品来增加贸易保护主义。除了国民待遇外，技术性贸易壁垒协定还加上了一些补充性规则，如成员可以自由选择他们认为合适的保护政策，但必须是对国际贸易产生的负面效果最小化。技术性贸易壁垒协定的另一个重要特征是鼓励使用统一标准来减少与产品标准相关的贸易支出，技术性贸易壁垒 2.4 条例预假设国际标准是为最宽松的限制性举措。在那些已经有技术性规定以及相关国际标准已经存在或标准的完成指日可待的地方，要求成员使用它们。现存国际标准化的实体机构为政府和行业提供了一个对"标准"进行规定及合作的平台。国际标准化的实体机构所发布的相关指导以及建议可以被使用，除非由于国家安全等原因不适用或者被认为不能够用来防护健康和安全。原则上，成员可自由加入和使用关于统一

评估的国际系统。成员们被鼓励商讨关于相互承认统一评估过程的协定，以及不要在达成协定的过程中歧视外国企业。

三、服务产品标准化问题

TBT 协定中一个关于技术属性的规定：只有当生产和加工方法对产品的物理特性有直接影响时，才被 TBT 协定覆盖。TBT 协议只涵盖了货物贸易，不包含服务贸易，其根本原因是当 TBT 协议在 20 世纪 70 年代末颁布时，GATT 就没有包括服务贸易。

实证研究表明，对跨国服务监管存在差异的成本可能很高（Kox & Nordas，2007；Francois & Hoekman，2010）。但是，世贸组织在服务业标准方面没有相应的 SPS 和 TBT 规定。政府在制定服务标准时，面临最主要的问题是国家监管者经常担心他们所制定的服务标准会明显影响其他国家企业的进入，这种担忧尤其是在金融、运输和电信中较为普遍。

服务产品的监管标准不仅对服务提供者适用，也对出售的服务产品适用。关注的重点是在进入监管中确保待出售服务的质量和安全性，以及共应商对所提供服务产品的资质或证书。这样做的原因是监管者通常很难观察到服务的质量和安全性，从而限制服务产品（输出），消费者也是如此，通常是依靠经验或信任，质量只能事后判断，因此重点是管理输入。这是货物贸易和服务贸易之间的重要区别，也是 TBT 协议所关注的重点之一，即需要从服务产品特征延伸至需要关注的服务提供商的特征。

TBT 协议的一个关键性特征是呼吁采用国际标准，这意味着产品规范符合非歧视原则。但与货物相比，对服务活动所制定的国际标准很少。国际标准化组织（ISO）的页面显示：服务标准代表了不到 0.5% 的总活动（见表 6 - 3）。这个百分比表明商品和服务标准化的速度是非常不同的。所有的 ISO 标准都是自愿的，然而即使是在最活跃的服务部门，ISO 在给定的年份中颁布的标准数量也非常少。

表 6 - 3 金融服务活动的 ISO 标准数量

时间	数量
1990 ~ 1994 年	2
1995 ~ 1999 年	8

时间	数量
2000～2004 年	6
2005～2009 年	17
2010～2014 年	18
总计	51
ISO 的所有部门/区域	19977

资料来源：ISO，http：//www.iso.org/iso/home/about/iso‐in‐figures.htm。

这并不是说没有服务方面的活动标准，目前某些服务相关部门已发布了一些标准，比如针对会计部门和特殊类型的金融服务产品。近年来，在处理电子交易的信息安全、IBAN 代码结构、生物安全框架、加密算法和应用、金融工具的分类、规范交换消息、欧元债券的格式以及个人理财规划师标准方面也出台了一些 ISO 标准。

由于进行交易的服务活动较少，因此国家没有更大的动机去追求服务的国际标准。ISO 中有限的服务活动标准可能也说明了贸易保护主义动机的存在。我们没有证据来证明这个假说，但在实践中，国内服务监管要求服务提供者具备资格许可；另外，OECD 的服务贸易限制数据库显示，专业化服务收到的贸易限制最为严格，例如会计、工程、医学和法律服务等经常是由一国内部的组织机构进行监管，即使采用国际标准会促进外国服务供应商的进入，通常也不采用国际标准进行监管。

现存对服务活动进行标准化较少的另一个潜在解释是国际服务标准通常是由专业型机构制定的。但事实上存在着大量围绕服务国际标准化活动的相关机构，例如国际航空运输协会（IATA）以及国际民用航空组织（ICAO）（空运）、国际会计准则理事会（IASB）（会计）、国际海事组织（IMO）（海运）、联合国欧洲经济委员会（联合国）（道路运输）、国际电信联盟（ITU）、国际清算银行（BIS）、证券委员会国际组织（IOSCO）和国际保险监管协会（IAIS）。同时也有大量的国际协议来作为专业化服务的国际标准设置工具，例如《华盛顿协议》中的工程服务。许多机构在它们负责的领域内建立了服务的国际惯例规范和国际标准。例如，联合国专门机构国际海事组织（IMO），制定了国际船舶安全规则，包括海上人身安全和船舶载重线的国际公约，还有安全管理和船只及港口设施安全；联合国欧洲经济委员会（UNEECE）管理着 TIR 公约，其为一种广泛使用的国际海关转运系统，定义了一些输送者（货运公司等）必须满足的要求；对于客运和货运的航空运输，国际航空运输协会（IATA）制定了大量的涉及安全性和效率的运行标准，这些对于成员来说都是强制的；国际电信联盟发布了 4000 条"建议"：定义了信息和电信网络的运作和互联的标准。

另外，金融服务部门是目前存在大量国际标准的服务部门之一。例如国际会计准则理事会（IASB）制定了国际财务报告标准（IFRS）；国际清算银行投入大量的时间和资源，巴塞尔银行监管委员会（BCBS）产生了巴塞尔有效银行监管的核心原则；国际保险监督管理协会（IAIS）是全球在保险公司监管方面的国际标准制定者；金融稳定委员会（FSB）已成为一个全球性的制定金融服务提供者准则的代理机构；国际证券委员会组织（IOSCO）等制定了证券监管的目标和原则。在这种情况下，这些标准可能成为在相关部门以及在他们各自管辖域运作的强制性规范。例如，大约 85 个国家需要国内证券交易所上市公司使用 IFRS，ITU 标准通常直接嵌入国家法律。

虽然在某些领域正在积极要求对服务提供者进行国际标准化，但这些要求依然仅针对国家内部。对于一些服务行业，监管制度往往是地方性的。在欧盟内部，服务行业监管仍然在很大程度上仅针对国家内部而没有在欧盟层面上实施。

一些区域优惠贸易协定（plas）也在其协议中包括有关适用国际金融监管标准的规定。例如，在日本—瑞士自由贸易协定中就有规定：各方应尽最大努力确保巴塞尔委员会《银行有效监管的核心原则》、IAIS 的监管标准和原则、IOSCO 的"证券监管目标与原则"在该区域得到实施和执行。有建议认为这些标准和准则可以更一般地纳入审慎例外条款的核心措施中，但在这一点上并没有达成共识，部分原因可能是国际标准并不具备强制约束力，而是在自愿的基础上。

对服务标准的跨境实施的要求也大大削减了进行标准化的可能。简单地模仿WTO 的 TBT 协议来实施服务产品标准化的可行性是有限的，服务监管一般涉及服务供应商，而 TBT 协议侧重于服务产品而不是服务生产者，这也大概是其实施有限的主要原因。实际上，服务的标准化可以通过相关行业协会建立，因此目前很多监管依然是针对一国内部的服务标准，同时充当一个衍生的服务贸易壁垒。

参考国际标准和 TBT 协定是两种减少货物贸易不确定性的方法。然而，这些都不能在服务中进行应用。因此，服务谈判人员需要寻找替代方法来减少服务产品和服务贸易的不确定性。

四、多边与区域协定中服务产品标准化相关规定与监管问题

GATS 的一个重要特点是国民待遇并不像 GATT 那样作为一般义务。在 GATS

中，国民待遇（以及市场准入承诺）被定义为由每一个世贸组织成员所做出的具体承诺。GATS 和 GATT 的不同还因为 GATS 包括了对国内监管的一般条例，而 GATT 中并没有这样的规定。GATS 中第六条对国内监管的要求是"最低限度的贸易限制"测试，要求因实施标准而承担的负担不应比保证服务质量所承担的负担更大，并且不构成对服务供应本身的限制。然而这个测试如何被应用及必要的准则等问题留到未来协议。

GATS 确实包含服务标准方面的准则，尽管在 GATS Art. VI 中使用的术语容易引起混淆（"技术标准"区别于"许可和资格要求"），但这项条款只涉及国家标准，因为 GATS 中没有类似于 Art. 2.4 TBT 中呼吁成员使用国际标准的要求。通过忽略这一类型的条款，Art. VI GATS 允许成员使用自己单方面定义的标准，或是使用在国际标准制定机构中阐述的标准，它们并不承担义务去使用那些存在并且合适的国际准则。

目前还不清楚为什么在制定国内监管的多边准则方面取得的进展如此之少，但很明显一个原因是针对是否需要进行必要性测试（其适当性）的不同观点：（1）这些措施没有构成服务贸易中不必要的障碍；（2）这些措施并不比保证服务监管目标的服务质量所需的负担更大。

无法达成国内监管一致性的另一个原因是认为 WTO 谈判的前景太渺茫了，不值得付出努力。国内服务监管问题在 WTO 中并不是一个引人注目的问题。在这种情况下，既然在世贸组织中没有什么能继续取得进展，各国则更倾向于在双边、区域或多边环境中寻求监管合作——例如跨太平洋合作关系（TTP）、跨大西洋贸易和投资合作（TTIP）、加拿大—欧盟一体化、《经济与贸易协定》（CETA）和《服务贸易协定》（TiSA）。PTAs 是越来越多地成为讨论监管政策（差异）的贸易效应的场所。

政治经济因素也可能在把国内服务监管制度成为多边规则的问题上起到作用。会计方面的情况很特殊，因为在全球范围内，这个行业相对集中：只有少数几个大公司在 20 世纪 90 年代对国际化有兴趣，并认为多边准则是促进进入国外市场的有用工具，这些国外市场通常受到全国行业协会的控制（Troillet & Hegarty，2003）。这种集中化不常见于其他较分散的专业服务业。一个相关因素是会计已经通过国际会计师事务所（IFAC）、国际会计准则委员会（IASC）和国际证监会组织（IOSCO）等机构走上了国际标准化进程。这意味着基于 GATS 的讨论可以与相关参与者进行讨论，但对于其他专业服务业来说是不大可行的。

GATS 第七法案提出建立对经营许可、毕业证书和自我经历被其他成员进行认证的程序。它鼓励服务贸易总协定中的成员去验证其他成员是否符合标准，但它并不要求成员去验证是否符合其他成员的准则。服务贸易总协定第七法案第二条规定：要求进入互认协议的成员为其他有兴趣的成员提供足够的机会来商议它们是否正式加入这个协议。服务贸易总协定第七法案第三条规定：不可以以筑成国家间歧视的方式来授予认证。成员必须告知服务贸易委员会现有的互认协议以及告知对未来可能进行的谈判协议。截至 2015 年 4 月 1 日，在 GATS 第七法案第四条下共收到了 54 封通知。在过去 2 年只收到了 2 封，都来自黑山共和国。几乎全部都属于国外学位和专业资格证的认证。

GATS 第三法案要求世贸组织成员对于影响服务贸易的法律和措施具有透明性是有义务的。然而，透明性并没有延伸到标准的制定过程。

当一国或地区计划采取不符合国际标准的技术要求的时候，允许有一段合理的时间来发表意见以及让出口方来适应新要求。此外，成员必须建立咨询点来让贸易者获取相关文件或答复，这些文件或答复是关于他人已采取的或建议的具有法律执行效力的技术准则；或关于中央或地区政府采取的或建议的标准；或关于执行方现有的或建议的合格评定程序。

有人或许要提出疑问：为什么这种技术性贸易壁垒要求在产品贸易中被监管机构所接受，但在服务贸易中却不被容纳和应用？对于此，我们只能猜测。一般而言，关于影响服务贸易的措施的透明性条款相对较薄弱。

一国的国内服务监管（"标准"）可能是贸易限制的来源，GATS 谈判者虽然认识到其重要性，但在 GATS 谈判结束的时候，官员们已经没有时间来处理一些与国内监管有关的问题了，包括补贴和公共采购的规定，这些规定将留给未来的审议。

在国内监管方面，GATS 谈判的进程是很艰难的，因为监管机构需要加入。监管的交易成本来源于不同辖区的监管差异，以及遵守不同国家的多个监管机构的要求。国际监管合作的主要障碍包括：（1）贸易谈判代表与国内监管机构之间的分歧；（2）政府内部和政府与企业之间的协调差距；（3）国家内部和国家之间的信息不对称（Hoekman，2015）。要解决这些障碍，就需要通过经常性的交流和反复的互动，促进学习和建立信任的机制和程序。

五、新加坡执行产品标准化的具体做法和经验

作为国家标准和认证机构，新加坡标新局（SPRING）在新加坡开发并推广了强大的国际认可的质量和标准保证基础设施建设。这种质量和标准使公司能够变得更有效率、更有生产力、更具全球性和竞争力，并且在健康、安全和保护环

境等领域支持国家的相关举措。

SPRING 还鼓励当地公司和企业采用标准和一致性方案以使顾客对新加坡的产品和服务建立信任。

为了促进新加坡与贸易伙伴发展贸易，SPRING 已经与世界各地多家机构和政府签署了谅解备忘录（MOU），并相互承认协议的双边和多边备忘录。SPRING 目前还参与了许多国际或地区性论坛，如太平洋地区标准大会（PASC）、亚太经济合作关于标准和一致性的分委会（APEC SCSC）、东盟关于标准和质量的磋商委员会（ACCSQ）以及太平洋认证合作组织（PAC）。

SPRING 还负责执行 SPRING 卓越商业计划（business excellence initiative），帮助企业改善其管理系统和流程，以提高绩效。通过采用国际基准的 BE 框架，企业实现了重要的认证里程碑，并且还可以获得 BE 奖项。

新加坡标准化计划由 SPRING 机构负责开发和推广新加坡标准和国际标准。它通过在政府公报中制定并公布新加坡标准。SPRING 是国际标准化组织（ISO）的成员，也是通过新加坡 IEC 国家委员会的国际电工委员会（international electrotechnical commission，IEC）的成员机构。

通过行业领先的新加坡标准委员会，SPRING 机构促进了行业参与标准制定的工作。为了加强与行业间的联系，理事会包括来自私营和公共部门的标准化方面的合作伙伴或专家。标准委员会批准关于新加坡标准（Singapore standards，SSs）和技术参考（technical references，TRs）的出版和撤回，它同时还监督对新加坡起着重要的 ISO 和 IEC 国际标准。目前在不同的产业（如生产制药、建筑、化学、电气电子、食品和管理系统等）存在着 12 个标准委员会（SCs），他们负责领导各类行业或技术领域标准的开发和推广。

在各标准委员会（SCs）下，成立了技术委员会（TCs）和工作组（WGs），它们负责标准化的准备和推广。[①] 在可能的情况下，SPRING 尽量推广使用国际标准，但在没有合适国际标准的情况下开发新加坡标准（SSs）。

第一，认证评估（conformity assessment）。认证评估是对特定要求的产品、服务或符合要求的系统进行是否可能符合标准的认证。认证评估程序可以为消费者提供信心和合规要求，为企业提供竞争力，以及帮助监管机构确保安全或环境要求得到满足。认证评估机构（conformity assessment bodies，CABs）是检验和校准试验室、认证机构以及提供合格评定服务的检验机构。

第二，产品认证（product certification）。SPRING 管理了消费者保护（安全

---

① 更多信息可以从 http：//www. spring. gov. sg/standards 获得。

要求）和注册计划（CPS 计划）的指定产品认证机构。

第三，认证（accreditation）。认证体现了认证评估机构（CABs）在执行认证评估行为时的能力、可信度、独立性以及完整性。除了作为新加坡的国家标准组织之外，SPRING 还充当着管理新加坡认证委员会（SAC）的国家机构。新加坡认证委员会（SAC）的主要职能是根据国际标准对 CABs 进行认证。在对它们的能力、公正性以及绩效能力提供特定的认证评估服务之后，CABs 获得在签发认可的测试/校准/检验报告或认证证书时使用 SAC 认证标志的权利。①

此外，SAC 签署了一系列与认证相关的多边互认协议（MRAs/MLAs）。这些包括：亚太试验室认证合作组织（APLAC）MRA 计划；太平洋认可合作组织（PAC）MLA 计划，用于进行质量管理体系认证、产品认证和食品安全管理体系认证；国际认证论坛（IAF）MLA 对质量管理体系认证、产品认证和食品安全管理体系认证；国际试验室认证合作（ILAC）MRA 计划，用于进行测试、校准和检验。

另外，SPRING 还任命 SAC 为新加坡良好试验室规范（GLP）作为新加坡的监督机构。2010 年 1 月，新加坡成为经济合作与发展组织（OECD）的双边数据认可（mutual acceptance of data，MAD）支持成员。新加坡与美国还在电信设备认证上开展了 MRA 计划，在不需要进行额外测试和认证基础上提供双边电信市场的准入。根据亚太经济合作组织（APEC）在美国和新加坡之间实施的电信MRA 协议，产品可以在美国进行测试和认证，以符合新加坡的技术要求。

第四，技术管制措施的公开出版。新加坡标准（SS）是经新加坡国家认可的文件，在出版前要进行为期两个月的公开评审。其中包括以材料、产品系统或流程规范、实践规范、测试方法、术语和指南等形式的功能或技术要求。国际标准可以被 SS 所采用。

另外，技术参考文献（TR）是为提供产品和服务指导而开发的过渡性文件，

①　SAC 目前正在对以下领域的计划进行认证：（1）校准试验室覆盖温度、尺寸、电气和机械；以及涉及民用和机械工程的化学、生物、环境、医疗、医学成像、电气、无损检测，游戏和测试的检测试验室；（2）工业检测领域包括：起重设备，汽车车辆，结构钢结构，货物，压力容器的技术检验和延长、地点调查及起重设备及集装箱检测；（3）质量管理体系（ISO 9001）认证机构；（4）环境管理体系（ISO 14001）认证机构；（5）产品认证机构；（6）人员认证机构；（7）职业安全健康管理体系（OSHMS）认证机构；（8）危害分析和关键控制点（HACCP）；（9）食品安全管理体系（ISO 22000）认证机构；（10）良好的医疗器械（GDPMDS）认证机构分销实践；（11）业务连续性管理认证机构；（12）能源管理体系（EnMS）认证机构；（13）水效率管理体系认证机构；（14）资产管理体系认证机构；（15）能力验证。2010 年 10 月，SAC 获得美国环境保护局（EPA）的能源之星计划的正式认可。更多信息可查阅 http://www.sac-accreditation.gov.sg。

以满足在缺乏相关标准时的紧急需求。它们可作为两年试用期的"前期标准"，评估是否适用于当地产业。因此，TR 可以在两年后成为 Singapore 标准（SS），继续作为技术参考文献（TR）发挥评估作用，或者不适用后被撤回。

SS 和 TR 都可以从新加坡的标准化电子商店里进行购买。SPRING 委托凸版利丰雅高印刷有限公司（toppan leefung printing limited）来管理 SS 和 TR 的销售。

第三节　俄罗斯自由港开放契机与中国自由贸易区（港）建设

一、俄罗斯自由港建设概要

符拉迪沃斯托克是俄罗斯远东地区最大的城市，地处俄、中、朝三国交界。港口是三面临海的优良天然港湾，货物吞吐量居全俄之首，是俄罗斯在太平洋沿岸最重要的港口。俄远东地区面积达 600 万平方公里（超过俄罗斯领土的 1/3），但居住人口只有 600 万人（俄罗斯人口目前为 1.46 亿），长期不被重视和发展滞后。符拉迪沃斯托克位于中国和朝鲜的边境附近，隔日本海与日本韩国相望，与其他亚太地区港口通有航线，

2015 年，符拉迪沃斯托克自由港，即符拉迪沃斯托克自由港经过俄方半年研讨之后，于 2016 年正式启动。2015 年 7 月 13 日，俄总统普京分别签署《关于符拉迪沃斯托克自由港的联邦法律》以及因通过该法而对税法典第二部分和部分法律进行修订的 2 部联邦法律，自公布之日起，3 部法律条款将陆续生效，至 2016 年 10 月 1 日全部条款生效，有效期为 70 年。自由港区域包括滨海边疆区阿尔乔姆市、符拉迪沃斯托克市、大石头城、纳霍德卡市、帕尔季赞斯克市、斯帕斯克—达尔尼市、乌苏里斯克市、纳捷日金区、什科托沃区、十月区、奥尔金区、帕尔季赞区，波格拉尼奇内区、哈桑区和汉凯区 15 个行政区，包括上述行政区域内的海港及其水域。已建立经济特区、地区发展区和社会经济跨越式发展区的区域不属于自由港。法律适用区域总面积 2.84 万平方公里，人口 140 万。俄罗斯希望在此打造引领远东地区进入亚太经济区的"火车头"。俄罗斯学者认为，自由港模式对远东地区生产总值的最终影响可达 34%。

符拉迪沃斯托克自由港的设立将提升俄罗斯和亚洲国家之间的物流和交通互联。自由港的设立，通常意味着全部或绝大多数外国商品可以免税进出港口，而且可在港内自由改装、加工、长期储存或销售。符拉迪沃斯托克自由港是享受特

殊的海关、税务、投资制度调整的区域，其目的是加快俄罗斯远东联邦区及滨海边疆区的发展。符拉迪沃斯托克自由港由远东发展集团直接管理，该公司为俄联邦政府 100% 控股，并直属俄罗斯联邦远东发展部。

符拉迪沃斯托克自由港内将实行以下特殊制度和优惠政策：[①]

（1）简化签证制度，外国人可获得为期 8 天的赴俄落地签证；

（2）"一个窗口"过境服务和 24 小时口岸工作制；

（3）自由关税区制度，区内企业可免税运入、保存和使用外国商品，也可免税运出商品（设备）；

（4）法律实行前 3 年内，对缴纳 10 年保险费的入区企业实行 7.6% 的优惠保险费率；

（5）免除入区企业前 5 年的利润税、财产税和土地税；

（6）10 天内快速办理增值税退税；

（7）缩短基建项目许可文件审批期限；

（8）缩短对区内企业的监督检查时间，以及与远东发展部协商并进行联检的时间；

（9）管理公司有权维护区内企业权益并为其提起诉讼；

（10）成立观察委员会作为自由港唯一管理机构。

（11）企业申请入区程序：机构或个体企业注册→向远东发展部提交申请→远东发展部审查申请（15 个工作日）→做出是否签署入区协议的决定→签署协议并将企业登记入册。

（12）为配合新法律的实施，俄对税法及其他 24 部法律均做了相应修改，包括土地法、城建法、航海贸易法、移民法等。

据《俄罗斯报》2017 年 5 月 19 日消息称，俄罗斯远东地区因符拉迪沃斯托克自由港吸引投资达 23 亿卢布（约合 4000 万美金），目前在该地区共有 611 个投资项目正在实施，可创建新的工作岗位 10 万余个，其中，84% 的项目不是和自然资源开采有关，而是与工业生产、农业、物流和旅游相关。另外据俄远东发展部部长亚历山大·加卢什卡介绍，"在吸引的投资总数中有绝大部分（22 亿卢

---

① 以下情况不享受税务优惠：企业注册地从符拉迪沃斯托克自由港迁出或者在自由港之外将设立分支机构；企业将采用俄罗斯法律规定的特殊税收制度（简化征税系统、对某些类型的活动采取推算收入统一税、对农业生产者实行统一税）；企业自愿加入纳税人统一组中；企业为私有退休基金银行、保险公司，专业参与证券市场的清算公司；企业在俄罗斯拥有经济特区入驻居民身份；企业即将参与地区投资项目；在符拉迪沃斯托克自由港内的业务收入少于总收入的 90%；企业将不对符拉迪沃斯托克自由港区域内的业务收入、支出及其他业务做单独核算；金融业务、保险业务、批发及零售贸易。

布）是私人投资"。① 由于符拉迪沃斯托克自由港成功开设，俄政府于 2017 年在
远东地区增设 4 个自由港，2017 年将进一步推广符拉迪沃斯托克自由港制度，计
划将哈巴罗夫斯克边疆区哈巴罗夫斯克市、苏维埃港区、堪察加边疆区的叶利佐
沃区和萨哈林州的乌格列戈尔斯克市纳入自由港制度适用范围。

俄罗斯政府批准建设自由港，是应对经济低迷的困境。由于乌克兰问题受到
欧美制裁，从而造成俄罗斯经济陷入困境。俄罗斯政府批准建设自由港是俄罗斯
政府针对远东地区开发的新举措，主是想效仿两个模式：一是改革开放之初深圳
的特区模式，二是效仿香港和新加坡模式，而俄罗斯政府建设自由港法案，主要
是针对中日韩的外来投资。中俄两国领导人在会晤时，提出了要将俄罗斯主导的
欧亚战略同盟与中国"一带一路"倡议相对接，而俄罗斯政府批准建设自由港较
好地呼应了这一对接需求。

俄罗斯政府对符拉迪沃斯托克港口进行开放，对中国有哪些好处呢？第一，
该港未来将会起到东北亚三国物流枢纽的作用，也将在区域经贸合作中起到辐射
带动作用，甚至能够对包括黑龙江省在内的中国东北地区经济转型发展带来新机
遇。黑龙江省全部或绝大部分商品可以免税进出该港口，还能在港内进行自由改
装、加工、长期储存或者销售等活动。不仅如此，一旦符拉迪沃斯托克自由港成
为东北亚地区的物流枢纽，还能对黑龙江省经济和物流起到辐射带动作用。因
此，俄罗斯总统普京批准符拉迪沃斯托克开放为自由港，正好使黑龙江省在弥补
"陆""海"丝绸之路区域单一性上的复合优势凸显，更使其在中蒙俄经济带建
设上的引领优势进一步放大；黑龙江省对俄合作地位将会更加突出。如今黑龙江
全省对俄贸易额占到全国对俄贸易总额的 1/4 左右，对俄投资占全国对俄投资的
1/3。第二，目前在我国实施"一带一路"倡议的带动下，中欧班列（苏州—华
沙）已常态化开行，由满洲里出境，天津、大连、营口港开出的国际货物列车正
实现规模化运行，货物经由俄罗斯 14 天即可直达波兰、斯洛伐克、捷克、德国
等欧洲腹地国家。而俄罗斯把符拉迪沃斯托克开放为自由港，必将从海上运输直
接将我国东北铁路网与俄罗斯西伯利亚铁路网连通，形成一条新的国际铁海联运
大通道，使黑龙江省参与中国东北振兴和俄罗斯远东战略互动对接更加便利，对
俄资源合作和国家战略资源保障地位更加凸显；另外，促进黑龙江省对俄跨境产
业合作。目前，黑龙江省在俄罗斯推动建设的境外园区目前已有 15 个，入区企
业达 74 家。黑龙江省在境内建设了以俄能源、原材料进口加工为重点的产业园
区和以对俄出口为重点的加工制造产业基地，已成为中俄两国产业合作的重要平

---

① 《人民网》莫斯科 2017 年 5 月 19 日电（记者华迪）。

台和载体。第三，俄罗斯设立符拉迪沃斯托克自由港，也预示着我国全部或者绝大部分商品可以免税进出该港口，还能在港内进行自由改装、加工、长期储存或销售等活动。

虽然俄罗斯对符拉迪沃斯托克港口开放，给中国相关企业提供了巨大的商机。但是，由于中俄两国法律、环境、经济运行机制等情况的不同，中国企业参与远东开发的风险也同样值得警惕。其一，虽然俄政府正在努力改善远东地区基础设施，但远东地区基础设施相对滞后是不争的事实。由于缺乏资金，跨越黑龙江的中俄同江大桥俄方段迟迟没有进展。没有良好的基础设施作保证，远东地区经济发展的前景得不到保障。其二，通关便利程度有待提高。两国海关等部门在通关商品的检验检疫方面不同步，经常出现货物滞留的现象。其三，劳务配额指标问题。远东地区地方政府还有人认为中国对俄劳务输出会造成向俄移民问题和生态环境问题，因此在劳务配额方面对中国进行限制，这严重影响了中国企业在俄开展业务。其四，企业融资成本问题。受西方制裁和油价下跌影响，俄经济下行压力不断加大。中国企业投资俄远东地区能否快速收回成本并盈利还是一个未知数。

2017 年俄罗斯将进一步推广符拉迪沃斯托克自由港制度，计划将哈巴罗夫斯克边疆区哈巴罗夫斯克市、苏维埃港区、堪察加边疆区的叶利佐沃区和萨哈林州的乌格列戈尔斯克市纳入自由港制度适用范围。

二、俄罗斯自由港建设与中国自由贸易区战略

俄罗斯的自由港建设无疑可以很好地与中国"一带一路"倡议相对接。中国要抓住机遇，放大效应，应对挑战，出台相关政策。

第一，考虑中俄日韩自贸区建设的可能性，依托绥芬河做关节点，建设龙江丝路带的新开放带、新物流带、新产业带。

第二，谋划建设绥芬河—波格拉尼奇内跨境自由贸易区。绥芬河是国家首批沿边扩大开放城市，是我国面向东北亚地区的重点开放口岸，具有独特的区位交通优势、资源优势、市场优势和多年沿边开放积累的经验和条件。俄罗斯自由港法案把绥芬河对面的波格拉尼奇内划入符拉迪沃斯托克自由港范围，这无疑为建设绥芬河—波格拉尼奇内跨境自由贸易区创造了极佳的机会。符拉迪沃斯托克位于中蒙俄经济走廊——龙江陆海丝绸之路经济带东出的节点上，加强与俄罗斯自由港的合作是有效推进"一带一路"建设重要支撑。从未来发展的角度出发，整合现有境外园区，建设绥芬河—波格尼奇内跨境综合合作园区，以此为基础向建

设自由贸易区方向发展。

第三，以俄罗斯建设超前区和自由港为契机，加强劳务、农业等领域合作，实现中俄贸易互利双赢。自由港包括 3 个超前区，内容广泛，其中涉及税收减免、劳务合作简化手续、土地优惠政策等等，这些政策都是苏联解体以来首次实施的最大的优惠政策。

第四，哈尔滨义乌城，作为"一带一路"跨域合作重点工程，以及作为东北地区规模最大、辐射力最强、现代化水平最高的商贸平台，项目集小商品生产、加工、展示、洽谈、交易与电子商务于一体，并配备了完善的生活配套设施和物流仓储园区。可通过在俄罗斯自由港区建立海外仓，利用跨境电子商务平台，把哈尔滨义乌城项目建设成为对俄贸易综合商品交易市场，同时成为辐射亚欧、通达全球的北部贸易核心增长极。目前，黑龙江省政府计划在符拉迪沃斯托克自由港区域内设立仓库，而海外仓与俄罗斯自由港政策是一致的。在俄罗斯建仓有利于清关，能够在海外仓内存货，也可以重新包装。关税是缓交的，离开仓库时候交关税，同时所有费用使用电子支付，该项目落实将有助于中俄边境电子贸易发展。

第七章

中国自贸试验区模式与经验的
海外复制和推广研究

2013 年 7 月，中国政府决定在上海建立自由贸易试验区，作为更加积极主动对外开放的重要举措，提升贸易投资便利化水平，创新政府贸易投资管理模式，加快政府职能转变，深化经济体制改革。自由贸易试验区的目标是要成为推进改革和提高开放型经济水平的"试验田"，形成可复制、可推广的经验，发挥示范带动、服务全国的积极作用，促进各地区共同发展，构建于各国合作发展的新平台。自 2013 年 9 月至 2017 年 3 月，国务院先后又批准了广东、天津、福建、辽宁、浙江、河南、湖北、重庆、四川、陕西成立自由贸易试验区，形成了"1 + 3 + 7"的雁阵格局。从已有实践看，11 个自贸试验区的成立和发展已经建构了"抛出概念形成共识""摸着石头过河"和"服务全球化战略"三个阶段，其中有相当多的成功经验和模式不仅可以在全国范围内"可复制、可推广"，而且可以通过"一带一路"建设、上海合作组织、金砖国家合作、中非合作论坛、中国进口博览会等成为我国主导（引领）的外交平台，向国际社会输出成功经验和模式，贡献全球公共产品。

第一节 中国自贸试验区海外复制推广的基础

一、中国自贸试验区已取得相当成就

自 2013 年至今，中国自贸试验区以上海为"雁首"，已然形成了"1 + 3 + 7"的雁阵格局，在贸易自由、投资便利化和金融创新三个方面取得了相当成就，包括如下：

第一，基本形成了与国际投资贸易通行规则相衔接的制度创新体系，包括：在利用外资方面，建立了外资准入前国民待遇加负面清单的外商投资准入管理模式；在对外投资方面，将审批修改为以备案为主的境外投资管理模式；在外贸管理方面，初步对接世贸组织《贸易便利化协定》的海关监管体系。

第二，基本形成了符合社会主义市场经济规律的政府管理体制和监管制度体系，包括：完整的覆盖事前、事中、事后的监管制度链；"准入中"推进以先照后证、证照分离为重点的商事登记制度；"准入后"，建立便捷高效的事中事后监管制度体系。

第三，基本形成了以资本项目可兑换和人民币国际化为目标的金融开放创新制度框架，包括：坚持开放与安全并重，建立起以自由贸易账户为载体的跨境资金管理制度；大力推动人民币国际化，人民币跨境使用制度实现有效创新突破；推进金融市场体系检视，面向国际的金融交易平台建设取得成效。

第四，坚持法治与改革相辅相成、双轮驱动，初步建立了涵盖立法、执法、司法、仲裁等自贸试验区法治化改革体系，包括：在立法层面，进行科学立法引领改革的重大实践探索；在执法层面，开展集中高效的综合执法体系改革试点；在司法层面，探索与法治化营商环境相适应的司法改革；在商事仲裁方面，积极探索便捷高效、接轨国际的商事仲裁制度建设。

第五，围绕着国家治理体系和治理能力现代化，以自贸试验区理念推进浦东新区政府改革，包括：依托合署办公的体制优势，围绕"放管服"系统集成创新探索；"三张清单"确立市场化法治化治理理念；机构改革探路现代政府管理架构；积极探索"互联网＋治理"新模式。

二、中国自贸试验区已有复制推广经验

自2014年至2018年，国务院及其直属机构共发布了四批自贸试验区复制推广的经验（见表7－1），除了2017年第三批复制推广是由质检总局主要负责之外，其余三批都是在多个部门，全国性进行复制推广，负责部门主要集中在国家海关总署、交通运输部、国家质检总局（原）、商务部、公安部、司法部、最高人民法院、国家市场监督管理总局、贸促会、国家工商总局（原）、国家税务总局、中国人民银行、国家外汇管理局、文化部（原）等多个部门，其中以海关总署的任务最重。

表 7 − 1　　　　　　　　　关于自贸试验区经验复制推广的法律文件

年份	发布单位	名称
2014	国务院	《推广中国（上海）自由贸易试验区可复制改革试点经验的通知》
2016	国务院	《做好自由贸易试验区新一批改革试点经验复制推广工作的通知》
2017	国家质检总局（原）	《复制推广自由贸易试验区第三批改革试点经验的公告》
2018	国务院	《做好自由贸易试验区第四批改革试点经验复制推广工作的通知》

资料来源：作者整理而成。

目前已有的四批复制推广经验主要在服务业开放、投资管理、贸易便利化、事中事后监管这四个方面。其中能够在海外进行复制推广、具有国际规则共识的部分主要集中在贸易便利化方面，投资管理和服务业开放是经济主权项下的内容，而事中事后监管更是属于一国的行政管理内部事务范畴，再加之国家间国情不同、政治经济体制的差异，政府行政监管的复制推广并不具有可行性和正当性。首先，我国自贸试验区贸易便利化的改革经验是为了对标国际最高标准。在贸易便利化领域，世界贸易组织《贸易便利化协定》的共识度最高，共识范围最大的是贸易便利化国际标准，依托我国自贸试验区的良好实践和经验，向海外推广贸易便利化方面的经验具有可行性，也不会招致其他国家的抵触。其次，与投资管理和服务业开放有关的投资便利化措施是中国引领投资便利化国际合作的重要支撑，对投资便利化成功经验的海外复制推广有助于国家战略的实现。据此，我们将上述四批复制推广中有关贸易便利化和投资便利化的成功经验予以提炼和总结（见表 7 − 2）。后文将就具体可以海外复制推广的具体经验逐条分析。

表 7 − 2　　　　　　　　　　有海外复制推广条件的成功经验

贸易便利化	1. 中转货物产地来源证管理 2. 检验检疫通关无纸化 3. 第三方检验结果采信 4. 出入境生物材料制品风险管理 5. 建设国际贸易单一窗口 6. 推进单一窗口免费申报机制 7. 国际海关 AEO 互认制度 8. 出境加工监管 9. 企业协调员制度 10. 原产地签证管理改革创新 11. 国际航行船舶检疫监管模式

贸易便利化	12. 免除低风险动植物检疫证书清单制度 13. 跨部门一次性联合检查 14. 保税燃料油供应服务船舶准入管理新模式 15. 先放行、后改单作业模式 16. 铁路运输方式舱单归并新模式 17. 海运进境集装箱空箱检验检疫便利化措施 18. 入境大宗工业品联动检验检疫新模式 19. 国际航行船舶供水"开放式申报＋验证式监管" 20. 进境保税金属矿产品检验监管制度 21. 外锚地保税燃料油受油船舶"申报无疫放行"制度
投资便利化	1. 外商投资广告企业项目备案制 2. 涉税事项网上审批备案 3. 税务登记号码网上自动赋码 4. 网上自主办税 5. 纳税信用管理的网上信用评级 6. 组织机构代码实时赋码 7. 企业标准备案管理制度创新 8. 取消审查许可证委托加工备案 9. 企业设立"单一窗口" 10. 负面清单以外领域外商投资企业设立及变更审批改革 11. 税控发票领用网上申请 12. 企业简易注销 13. 船舶证书"三合一"并联办理 14. 国际船舶登记制度创新 15. 对外贸易经营者备案和原产地 16. 企业备案"两证合一" 17. 低风险生物医药特殊物品行政许可审批改革 18. 一般纳税人登记网上办理 19. 工业产品生产许可证"一企一证"改革

资料来源：作者整理而成。

三、中国自贸试验区已进入探索建设自由贸易港阶段

中国共产党第十九次代表大会的报告中，习近平总书记明确提出了"赋予自由贸易试验区更大改革自主权，探索建设自由贸易港"。2018 年 4 月 11 日国务院发布《关于支持海南全面深化改革开放的指导意见》中要求：探索建设中国特色自由贸易港，学习借鉴国际自由贸易港建设经验，更加强调通过人的全面发展，充分激发发展活力和创造力，打造更高层次、更高水平的开放型经济。中共中央和国务院给中国（海南）自由贸易试验区的任务是全面深化改革开放试验区，在经济体制改革和社会治理创新等方面先行先试，适应经济全球化新形势，

实行更加积极主动的开放战略，探索建立开放型经济新体制。中国（海南）自由贸易试验区（港）建立在 11 个自由贸易试验区先进经验之上，具有为探索建设自由贸易港做准备的重要意义。

自由贸易港是开放程度最高的自由贸易区，自由贸易港的建设表明中国一直以实质性的举动展现积极开放、主动作为的姿态。探索建设自由贸易港是进一步向世界介绍中国改革开放成功经验、构建开放型经济的重要平台。

第二节　中国自贸试验区模式的海外复制和推广

一、产业园区协同发展模式

产业园区是指为促进某一产业发展而创立的特殊区外环境，是区域经济发展、产业调整升级的重要空间聚集形式，最常见的类型有物流园区、科技园区、文化创意园区、总部基地和生态农业园区。自贸试验区与产业园区的协同发展可以有效地将自贸区成功经验输送至产业园区，为具体产业提供制度优势。

自贸试验区内通过划出一定范围的园区进行国际合作已取得了相当的成绩，如，四川自贸试验区打造全球顶级科技园合伙人计划，形成新的科技园区载体，促进各类企业特别是中小企业开展跨境研发和国际合作，拓展营商空间；辽宁自贸试验区鼓励重点产业园区与自贸试验区对接产业规划，推进自贸试验区与重点产业园区协同发展；陕西杨凌农业高新技术产业示范区是结合陕西自贸区杨凌示范区片区和杨凌农业特色，实现了"互联网＋农业＋扶贫"的自贸试验区和产业园区协同发展的模式。

二、海外园区模式

海外园区是我国各级政府或企业在境外合作建设或参与建设的基础设施较为完善、产业链较为完整、辐射和带动能力强的加工区、工业园、科技产业园、经贸合作区等各类园区的统称。中国海外园区已成为"一带一路"国际合作强推手。自 1995 年中国第一个海外园区开园成立，中国在海外园区建设方面已经积累了较为丰富的经验。中国海外园区通过实践积累了用中国制造促进国际产能合作、用中国经验助推东道国区域振兴、以中国平台形成双边战略合作、以中国形象增进双方互信的有益经验。这一模式已被证明为中国经验海外推广的有效途径，也是中国向其他后进国家输出中国智慧和中国方案的国际性公共产品。

中国自贸试验区模式与经验的海外复制和推广可以通过海外园区的模式来实现。目前，已有自贸试验区与相邻地区共建海外园区，如：河南省自贸办、林德国际物流发展有限公司、德国帕西姆机场管理公司三方将在帕西姆国际机场及保税经济合作区设立"河南—帕西姆自由贸易合作区"，园区将为河南自贸试验区企业进入欧洲提供保税仓储、保税加工、保税转运服务及自由贸易平台，并为中国与欧洲国际物流企业提供集货与分拨场地及跨国自由贸易的保税、免税交易平台，为河南自贸试验区内企业"走出去"提供便利环境。

第三节　中国自贸试验区经验的海外复制和推广

一、外资管理

中国自贸试验区在外资管理方面最为成功和效果最为显著的措施就是采取了"外资准入前国民待遇＋负面清单"的管理模式。这同时实现了投资自由化和投资便利化两个层面的改革效果。"外资准入前国民待遇＋负面清单"的管理模式也有利于我国企业"走出去"，尤其是走向"一带一路"沿线国家。对负面清单管理模式的大量需求也是基于我国为全球第三大投资流出国的地位所决定的。但是我们认为，目前我国在负面清单管理模式上仍然存在需要适当调整和修改的地方，有利于我们更统一地向海外进行复制和推广。

2017年6月，国务院发布了适用于11个自由贸易试验区的《自由贸易试验区外商投资准入特别管理措施（负面清单）（2017版）》（以下简称自贸试验区负面清单）；同月，国家发展改革委和商务部发布了《外商投资产业指导目录（2017年修订）》中将限制类和禁止类划分至"外商投资准入特别管理措施（外商投资准入负面清单）"（以下简称产业指导目录负面清单）。从此，我国出现了两张外商投资准入负面清单。我们认为两张负面清单并存造成了社会认知混淆，自贸试验区负面清单更对接国际通行做法。

（一）两张负面清单并存造成了社会认知混淆

负面清单是指仅列举法律法规禁止的事项，其特征在于以否定列表形式标明外资禁入领域，体现了"法无禁止即可为"的精神。基于《中华人民共和国立法法》相关规定的视角，两张清单之间的法律位阶关系比较复杂，自贸试验区负面清单由国务院发布，属于行政法规；产业指导目录负面清单由国家发展改革委和商务部发布，属于规章，效力等级低于行政法规。但是自贸试验区负面清单的效力空间仅限于 11 个自贸试验区，外商投资 11 个自贸试验区时，适用自贸试验区负面清单，而无需考虑产业指导目录负面清单的规定；外商投资 11 个自贸试验区之外区域时，则适用产业指导目录负面清单。法律解释上的复杂性加重了社会对两张负面清单的认知模糊和适用错误。已经完成征求意见的《中华人民共和国外国投资法（草案）》第五条明确提出"国家实行统一的外国投资管理制度"，目前自贸试验区内外实行不同的负面清单，既不符合我国立法的发展方向，更不利于我国实施全面深化改革。

（二）自贸试验区负面清单更对接国际通行做法

负面清单条目内容的选择，其核心原则是不对国家安全、生态安全、全国重大生产力布局、战略性资源开发和重大公共利益等领域造成负面影响的、有利于市场发挥决定性作用的条目内容都不应该列入清单，而应留给市场主体去决定。因此，负面清单绝不能是产业指导目录的另一个版本，这是全面深化改革必须厘清的一个非常重要的概念。自 2013 年 9 月上海自贸试验区建立以来，自贸试验区负面清单始终对接国际通行做法，体现出以下几个基本特征：

第一，行业分类准确科学。自贸试验区负面清单依据《国民经济行业分类》（GB/T 4754－2011）划分为 15 个门类、40 个条目、95 项特别管理措施，其中特别管理措施包括具体行业措施和适用于所有行业的水平措施。产业指导目录负面清单的行业分类方法与国际通行做法差距较大。以"法律服务"为例，产业指导目录负面清单在"禁止类"中将其列入，仅表述为"中国法律事务咨询（提供有关中国法律环境影响的信息除外）"，这既不是一种科学的行业分类方法，在表述上也不明确，比如何为"咨询"，中国法律事务代理是否属于咨询？何为"中国法律事务"，中国所参与的国际条约是否属于中国法律事务？不参与中国法律事务咨询，只参与中国律师事务所管理是否属于被禁止的范畴？相较而言，自贸区负面清单更符合国际标准，采取了与《中国加入 WTO 服务贸易承诺减让表》中相同的部门分类"法律服务"，并将其归在"九、租赁和商务服务业"之下，在体例上基本也采用了国际上的通行做法。

第二，编排体例更体现负面清单监管理念。产业指导目录在未采取负面清单提法之前，分为"鼓励类""限制类"和"禁止类"三类，2017 年《外商投资产业指导目录》所延续的仍然是这三类，只是简单地将"限制类"与"禁止类"归入负面清单，与"鼓励类"共同形成了混合清单，与我国政府行政管理理念的改革存在一定差距。同时，产业指导目录负面清单仅列出了股权要求、高管要求等外商投资准入方面的限制性措施，表述的方式也仅在相关产业后面以括号的形式标注是"（中方控股）、（中方相对控股）、（限于合资、合作）"等粗略的语言，语言严谨性不足，并且对于其他特别管理措施并没有提及，也就意味着产业指导目录负面清单并未穷尽外商投资准入的特别管理措施。

自贸试验区负面清单制作了一个表格，表内有领域和特别管理措施两类，除了将 14 个行业分为 39 个领域外，还相应地对每一个领域中的特别管理措施予以比较详细的描述，且明确在"说明"处强调负面清单之外的领域，在自贸试验区内按照内外资一致原则实施管理，真正体现了负面清单的监管理念。

第三，内容更符合我国所做的国际承诺。同样以"法律服务"为例，产业指导目录负面清单仅在"禁止类"中对中国法律业务咨询做出了禁止性规定，但对照中国在 WTO "法律服务"部门中所做的具体减让承诺远非如此简单，对于"市场准入"义务，中国不仅对外国律师和律师事务所的业务范围予以限制，即不能从事中国法律业务，而且在"商业存在"形式上也有相应的限制，即仅允许外国律师事务所以设立代表机构的方式进入中国市场。产业指导目录负面清单对此并没有涉及，但其他法律法规，如《中华人民共和国律师法》和国务院发布的《外国律师事务所驻华代表机构管理条例》却做了相应的规定，这就造成了产业指导目录负面清单与相关法律间相互不衔接的矛盾，降低了其权威性和可操作性，也丧失了负面清单"法无禁止即可为"的实质意义。

自贸试验区负面清单则更为先进，"法律服务"的特别管理措施包括三条，即"外国律师事务所只能以代表机构的方式进入中国""禁止从事中国法律事务，不得成为国内律师事务所合伙人""外国律师事务所驻华代表机构不得聘用中国执业律师"，不仅与我国所做的 WTO 具体承诺相符，更对其做了进一步解释，与我国的相关法律法规更衔接。

自 2013 年上海自贸试验区推出首张负面清单以来，除了在外商投资准入上有两张负面清单外，2016 年国家发展改革委和商务部又发布了《市场准入负面清单草案（试点版）》，造成在内外资投资准入上存在多个负面清单，同时，各地政府又发布了诸多指向不同的"负面清单"，如市场准入负面清单、企业投资负面清单、产业发展负面清单等，进一步加重了社会对负面清单认知上的混淆。

根据上述分析，我们建议国务院加快两张负面清单的合并进程，以自贸试验区负面清单为蓝本，制定出全国统一的《外商投资准入特别管理措施（负面清单）》，以便更为有效地向海外复制推广。

二、贸易便利化

（一）国际贸易"单一窗口"

"单一窗口"作为一项重要的贸易便利化措施，主要解决信息的重复录入、纸质单证的大量使用，不同用户间信息的不能共享、单据提交和审批效率的问题，简化单证提交和数据收集的程序。另外，"单一窗口"与规则的兼容度更高，资源分配的效率与贸易统计均得以改善，流程也更加透明与可预见，使整个经济体部门之间实质交互的机会减少，增加了透明度且减少了腐败。2015 年中国正式批准世界贸易组织《贸易便利化协定》，其中对于"单一窗口"也提出要求，"各成员应努力建立或设立单一窗口，使贸易商通过与参与的主管机关或机构的单一接入点提交货物进口、出口或过境的单证和/或数据要求"。

我国自贸试验区对国际贸易"单一窗口"的建设已积累了较多经验，2014 年 6 月上海自贸区洋山港保税区进行国内第一个国际贸易"单一窗口"试点，融合了海关、检验检疫、海事、出入境边检、港务等多种服务功能，并对企业提交的信息数据进行一次性处理。目前，国际贸易单一窗口已经复制到全国 11 个自贸试验区，2018 年，中国搭建了中国国际贸易单一窗口，真正实现了"单一窗口"。

国际贸易"单一窗口"建设是全球贸易便利化发展的重要趋势，我国在这一领域成功经验的海外复制推广有利于与其他国家开展贸易便利化合作，有利于我国贸易商的出口，尤其是与"一带一路"沿线国家开展贸易便利化合作可以有效缩短沿线国家因经济发展水平和贸易自由度差异较大而带来的贸易便利化程度差异。

（二）推动海关 AEO 互认

AEO 意为"经认证的经营者"，是指由以任何一种方式参与货物国际流通，并被海关主管部门认定符合世界海关组织或相应供应链安全标准的一方，包括生产商、进口商、出口商、报关行、承运商、理货人、中间商、口岸和机场、货站经营者、综合经营者、仓储业经营者和分销商。

我国自 2007 年将 AEO 制度关于守法、贸易安全和海关与商界的合作伙伴关系等实体要求以及贸易便利措施、认证程序纳入国内制度。中国海关自实施 AEO 制度以来，积极开展中欧、中美等海关合作试点项目，并在 AEO 国际互认合作中取得了实质性进展。

在国务院第二批复制推广经验中，就要求将国际海关 AEO 互认制度在全国范围予以推广。在现阶段，将国际海关 AEO 互认制度推广至海外具有重要意义。中国海关起草了《世界海关组织 AEO 互认实施指南》在世界海关组织"全球贸易安全与便利标准框架"工作组会议获得通过，将成为各国及经济体之间 AEO 互认实施的标准规则。以此次《世界海关组织 AEO 互认实施指南》制定、实施为契机，用足用好国际规则，不断优化海关监管的布局和结构，积极推动"一带一路"核心区建设发展，大力支持实体经济、先进制造业、创新性产业等领域企业的发展，服务越来越多的中国企业"走出去"，促进全球贸易安全与便利，在更大范围、更宽领域、更深层次上发挥好海关的作用。这是中国海关首次在世界海关组织 AEO 领域引领国际规则的制定，对于提高我国海关国际话语权具有积极意义。自贸试验区对 AEO 互认的海外复制推广将对这一指南的全球性推广起到制度性支撑作用。

三、投资便利化

投资便利化（investment facilitation）指在投资周期的全部阶段，投资东道国政府采取的一系列使其投资监管的效率和管理有效性达到最大化的做法或行为。党的十九大报告提出"实行高水平的贸易和投资自由化便利化政策"，标志着将实现高水平的投资自由化便利化作为党和国家未来的重大战略议题。WTO 第 11 届部长级会议期间，中国呼吁成员方共同推动全球投资便利化，并获得积极响应，但受到部分阻力未取得实质性成果。2018 年 UNCTAD《世界投资报告》显示，2017 年中国成为全球对外投资第三大国，全球范围内的投资便利化国际合作将有利于我国企业在海外投资的壁垒减少和成本降低。

2018 年 11 月，首届中国国际进口博览会举行，其中，作为进博会最重要组成部分之一的"虹桥国际贸易论坛"是 2018 年中国四场主场外交之一。上海承担着"一带一路桥头堡"的历史使命，上海自由贸易试验区肩负着投资便利化先行者的历史重任。为此，建议"虹桥国际贸易论坛"将投资便利化国际合作作为长期议题，以巩固中国始终是世界和平的建设者、全球发展的贡献者、国际秩序的维护者的国际形象，满足跨境双向投资过程中外企业便利化需求，提升中国在多边层面的话语权和影响力。同时，将中国自贸试验区投资便利化的良好实践和经验复制推广至海外。11 个自贸试验区所采取的投资便利化措施代表了中国提升投资便利化水平的最佳实践。但 11 个自贸试验区推出的投资便利化措施也存在"各自搭台、各自唱戏"的"碎片化"局面。我们认为目前中国投资便利化发展还存在以下问题，需要进行重点调整。

首先，总体方案对投资便利化的要求不一致。11 个自贸试验区均将推进投资自由化和便利化、提升投资政策透明度和投资管理行政效率作为重要任务，但 11 个自贸试验区因其自身情况不同，因此对它们的要求也各有侧重：（1）各自贸试验区均有"推动贸易和投资便利化"的总体要求，且多追求形成与国际投资贸易通行规则相衔接的制度体系。（2）2015 年前设立的 4 个自贸试验区关于投资便利化的规定主要集中在整体投资环境和投融资便利化两个方面，2017 年设立的 7 个自贸试验区则在产业上有所细化，主要是河南自贸区和浙江自贸区，河南自贸区主要侧重于交通物流，浙江自贸区主要侧重于油品全产业链投资。（3）湖北自贸区特别提到了"探索优化投资准入后的管理流程，提升投资便利化水平"以及"提升外商投资全周期监管的科学性、规范性和透明度"，是 11 个自贸试验区总体方案中与国际通行做法最为接近的；（4）四川自贸区总体方案未提及"投资便利化"，仅有贸易便利化和金融便利化的内容。表 7 - 3 为 11 个自贸区总体方案中关于投资便利化的规定。

表 7 - 3　　　　　　11 个自贸区总体方案中关于投资便利化的规定

自贸区	设立年份	总体方案规定
上海自贸区	2013	——推动贸易和投资自由化便利化 ——率先形成法治化、国际化、便利化的营商环境 ——以高标准便利化措施促进经贸合作
广东自贸区	2015	——促进贸易和投资便利化 ——推动投融资便利化
福建自贸区	2015	——促进贸易和投资便利化 ——促进跨境贸易、投融资结算便利化
天津自贸区	2015	——促进贸易和投资便利化 ——建设适应国际化、市场化、法治化要求和贸易投资便利化需求的服务体系
陕西自贸区	2017	——营造法治化、国际化、便利化的营商环境 ——按照便利化要求，积极探索建立相适应的行政管理体系
四川自贸区	2017	——促进跨境投融资便利化，促进跨境贸易、投融资结算便利化

续表

自贸区	设立年份	总体方案规定
重庆自贸区	2017	——建设法治化、国际化、便利化营商环境 ——探索跨境投融资便利化改革创新，促进跨境贸易、投融资结算便利化
湖北自贸区	2017	——打造法治化、国际化、便利化营商环境 ——探索优化投资准入后的管理流程，提升投资便利化水平 ——提升自贸试验区内企业跨境投资便利化程度
河南自贸区	2017	——营造法治化、国际化、便利化的营商环境，努力建成投资贸易便利化的高水平高标准自由贸易园区 ——在促进交通物流融合发展和投资贸易便利化方面推进体制机制创新，打造多式联运国际性物流中心 ——建立完善深化改革量化指标体系，加快形成更有吸引力的法治化、国际化、便利化营商环境 ——促进跨境贸易、投融资结算便利化
浙江自贸区	2017	——营造法治化、国际化、便利化营商环境 ——推动油品全产业链投资便利化和贸易自由化 ——推进油品储运投资便利化。培育多元化的油品储运主体，鼓励各类主体按照国际标准参与投资建设油品接卸泊位、储运罐区、输油管道等设施。加快自贸试验区港口岸线使用审批 ——促进跨境贸易、投融资结算便利化
辽宁自贸区	2017	——营造法治化、国际化、便利化营商环境 ——促进跨境贸易、投融资结算便利化

资料来源：作者整理而成。

其次，建设企业准入"单一窗口"进展缓慢。各自贸试验区均推出了投资便利化的相应举措，但建设企业准入"单一窗口"进展缓慢。"单一窗口"作为重要的便利化措施，多个自贸试验区都进行了"单一窗口"的建设，上海不仅实行了企业准入"单一窗口"制度，对于涉及企业市场准入多个证照的办理，实行"一表申报、一口受理、内部流转、并行审批"的模式，还与国际贸易"单一窗口"实现了信息共享。但是其他自贸试验区在企业准入"单一窗口"上并没有实现突破，只是在单个项目上有所改革，如广东自贸试验区采取了政务服务"一口受理"、推行"商事主体电子证照卡""一照一码"登记等改革措施；福建自贸试验区采取了全流程网上协同运行和统一入口、集中受理、协同办理的业务服务模式。总体上看，除上海自贸试验区外，其他自贸试验区仍然还集中在建设及完善国际贸易"单一窗口"的重点工作中，对企业准入"单一窗口"未有质的突破。2018 年商务部、国家市场监督管理总局联合发布了《关于外商投资企业商务备案与工商登记"单一窗口、单一表格"受理有关工作的通知》，该《通知》为全国统一实行企业准入"单一窗口"提供了顶层设计的思路和规划。

我们认为，在解决上述问题的前提下，我国自贸试验区投资便利化措施的良好实践完全可以通过各种路径进行海外推广和复制，以支撑我国引领投资便利化国际合作。

第四节　中国自贸试验区海外复制和推广的路径

一、海外园区深化"一带一路"建设

在中美贸易战日益升级的国际大势下，中国自贸试验区的海外复制和推广须维护中国、捍卫国家核心利益和人民群众利益，配合"一带一路"建设，将中国自贸试验区的开放理念和先进的政府管理技能加以推广，以境外合作产业园区的模式将中国企业成片地布局"一带一路"沿线国家。目前，我国政府已经与"一带一路"沿线国家签署"谅解备忘录""联合声明""合作协议"等一系列政策文件，并建立了多个国家级境外园区，相关配套支持已经取得相当成绩，以位于匈牙利的"中欧商贸物流合作园区"为例，其是国家级境外商贸物流合作示范区，旨在建设成为发挥匈牙利"欧洲心脏"的辐射带动作用，成为中国企业撬动欧洲市场的重要支点。中欧商贸物流合作园区为进入欧洲的中国企业和经营中国产品的欧洲企业提供高品质、全方位的供应链服务。园区规划总投资 2 亿欧元，累计完成投资 10100 万美元，开放面积 12.66 万平方米，园区入驻企业 151 家，完成贸易额 3.47 亿美元，上缴税金 74 万美元，园区入住率达到 87.9%，物流强度达到 161 万吨/平方公里·年。解决当地就业 1469人，其中外籍人民 1399 人。

商贸物流型园区的物流特性强调市场覆盖，实践证明，一区多园的建设模式是商贸物流型合作区建设的成功模式，以德国不莱梅、匈牙利布达佩斯两个物流园区为例，其 24 小时可覆盖欧洲人口最为密集、购买力最高的地区。整个园区包括匈牙利中国商品展示交易中心、匈牙利切配尔港物流园—德国不莱梅港物流园两个主体部分，其中匈牙利切佩尔港物流园—德国不莱梅物流园两个联动园区是最为核心的部分，涉及仓储、通关、检验检疫等诸多货物贸易的政府管理效率问题。在理论上，中国自贸试验区中关于货物贸易的多项经验均可以复制和推广

到物流园中。

二、交通基础设施互联互通建设

交通基础设施互联互通建设是"一带一路"倡议共商共建共享的重要一环，是中国进一步对外开放、与"一带一路"沿线国家共同发展的重要举措。目前，已与沿线国家开通了多条线路的中欧班列、铁海联运等。但是，在实践运行中，交通基础设施互联互通还存在多个痛点，如：中欧班列签发的运输单证存在各国间格式不统一、信息化程度不高、权属复杂不便索赔、不能作为物权凭证、无法用于信用证结汇等突出问题，导致发货人的权益方面还存在缺陷，抑制了出口商的交易活力，也影响了运输服务进出口的发展。

目前，已有自贸试验区针对这一问题进行了创新改革，如：成都自贸试验区青白江铁路港片区为了弥补国际铁路联运运单在功能上的不足，在国际铁路联运运单基础上，提出基于国际铁路联运的多式联运提单，实现了"一次委托、一口报价、一单到底、一票结算"，快捷高效的物流服务促进了贸易便利化。同时与金融机构合作，实现多式联运提单的金融功能，中欧班列的竞争力进一步增强。

中国自贸试验区在贸易便利化和投资便利化的相关经验可以通过"一带一路"交通设施互联互通的建设进行海外复制和推广。

三、投资便利化绩效评估指标体系

为了解决中国自贸试验区投资便利化的"碎片化"和各国、各地政府分散式、自发式的投资便利化举措，我国可以借助中国四大主场外交，尤其是9月的"中非合作论坛峰会"、12月的"中国国际进口博览会"，推出由中国起草制定的"投资便利化绩效评价指标体系"（以下简称绩效评价指标体系），为中国在包括 WTO 在内的各个具有约束力或非约束力的多边框架下引领投资便利化奠定基础。

在绩效评价方面，世界银行《营商环境报告》（*doing business*）、美国国务院《世界投资环境报告》（*investment climate statement*）、世界经济论坛《全球促进贸易报告》（*global enabling trade report*）都是对营商环境和投资环境进行评估的重要年度报告。[①] 其中影响力最大的是世界银行《营商环境报告》，其数据被多个

---

① 如 APEC《供应链联系框架行动计划 2010～2015：最终评估》（*supply chain connectivity framework action plan 2010 - 2015：final assessment*）就是以这几个研究报告为基础而成。

机构、跨国企业所援引，本书在综合了上述报告的基础上，对标 UNCTAD《投资便利化全球行动手册》和 APEC《投资便利化行动计划》中所提出的具体目标和行动路线图，对投资便利化绩效评价进行指标体系的设计。该绩效评价指标体系的最终目的在于将 UNCTAD、APEC 所提出的国际标准进一步演化为可以量化的数据，制定出既能细分环境投资便利化绩效，又能反映中国在投资便利化中最佳实践并可向全球示范的二级指标，最终据此测算出参与投资便利化国际合作的国家和地区的投资便利化水平。这不仅可以为企业提供微观层面的投资决策指导，还可以为国家在进一步推动投资便利化国际合作提供具体的数据以及谈判的基础。绩效评价体系的设计有以下几点需要说明。

第一，本绩效评价指标体系主要以世界银行《营商环境报告》为主要参照系，借鉴美国国务院《世界投资环境报告》，将其中相应指标按照投资的全生命周期阶段进行划分。投资的全生命周期可以细分为不同阶段，但考虑不同国家的不同法律情况，故本书设计的指标体系对全生命周期的表述分为最粗线条的外资的准入、运营和退出三阶段，侧重选择直接影响外国投资的投资环境要素，并以此在三个主要阶段中寻找出 11 个一级指标。（1）进入阶段，包括市场准入和商事登记两个一级指标。市场准入主要是指监管模式和立法模式，监管模式分为审批、批准和备案；立法模式是指行业准入的清单模式，即正面清单、负面清单或混合清单。商事登记是指在东道国内获得商事主体地位所需要的法律程序，这个程序依不同国家、不同企业类型均有不同要求，比如提交公司章程、选取企业名称、缴纳最低资本、提交验资报告、取得纳税人身份号、取得雇主身份号、提交注册地址，衡量的是设立企业所需的程序、时间和成本。（2）运营阶段。运营阶段中所有企业都会面临与政府关系有关的共性问题包括缴纳税款、获得信贷、执行合同、登记财产、公司扩大、利润汇回六个指标，分别衡量缴纳税款的便利化程度以及相关法律的透明度、征信系统的便利化程度以及相关法律和银行征信的透明度、以司法形式保障合同的执行力、获取财产权属证明的便利化程度以及财产权属证明上所载信息的透明度、投资者扩大投资时的便利化程度、外资退出东道国时资金转移的便利化水平。（3）退出阶段。不同法律属性的外国投资存在不同的退出方式，但一般而言，不论是由于破产还是解散，企业都需要经过清算以及注销程序，所以本书将清算和注销作为两个指标。此外，除了破产和解散外，外资退出还可以通过股权转让的方式实现，故第三个指标为股权转让。

第二，本绩效评价指标体系为了支撑投资便利化国际合作，只能在狭义的投资便利化概念和框架下选择指标，据此对《营商环境报告》做了部分修正，如表 7-4 所示，有些十分重要但是与便利化联系较弱的指标，如运营阶段的"跨境贸易"更偏向于投资者主体间的关系，而非投资者与政府间的公法关系，就被本指标体系所剔除。此外，本指标体系的测算依据是建立在 UNCTAD 等国际标准所分解的两个重要目标——流程简化和透明度之上的，只将与流程和透明度相关的测算依据收录其中，而将与外资吸引和投资潜力等相关的测算依据剔除在外，如在"缴纳税款"项中，《营商环境报告》所测量的数据不仅包括时间和支付方式，还包括支付的税率，本指标体系则只留取了时间和支付方式两个数值，剔除了支付税率。

第三，本绩效评价指标体系对数据的收集采取三种方式——虚拟赋值、排序和实际数值。

（1）虚拟赋值。将 UNCTAD《投资便利化全球行动手册》中提出的十条行动路线作为目标，在后期数据的收集上，设定反映质的属性的值给予虚拟赋值，如"存在一个法律法规的中央登记机构，并使其电子化"（行动路线 1）的要求，即缴纳税款、征信系统如果满足电子化就赋值为 1，不满足就赋值为 0。

（2）排序。主要体现在透明度测算上，借助《营商环境报告》将公开方式分为在线、当面询问和不公开的方式，进行排序，即在线＞当面询问＞不公开。

（3）实际数值。设定反映量的属性的值依其自身的数值，如"缩短进程时间和简化投资及执照的申请程序"（行动路线 3）的要求，对应投资的不同阶段，将时间和程序的个数作为具体的数值。但目前只关注绩效评估的框架及指标设计，数据的获取和进一步处理将留待未来完成。

表 7-4　　　　　　　　　投资便利化绩效评价指标体系及说明

阶段	一级指标	二级指标	说明
进入	市场准入	审批的模式	审批＜登记＜备案
		准入程序的公开	网络＜当面＜不公开
		清单的模式	正面清单＜混合清单＜负面清单
		清单的可获得性	网络＞当面＞不公开
	商事登记	商事主体资格取得的时间（天）	按具体数值统计计算
		商事主体资格取得所需程序（个）	按具体数值统计计算
		登记所需文件列表的可获得性	网络＞当面＞不公开
		登记所需费用（元）	按具体数值统计计算
		服务标准的可获得性	网络＞当面＞不公开

续表

阶段	一级指标	二级指标	说明
运营	缴纳税款	缴纳方式电子化（虚拟赋值）	电子化为1，非电子化为0
		缴纳税款的时间（天）	按具体数值统计计算
	获得信贷	征信系统电子化（虚拟赋值）	电子化为1，非电子化为0
	执行合同	司法审查程序（个）	指司法判决具有终审效力所需的程序
		司法审查时间（天）	指完成终审判决所需的总体天数
		司法救济成本（元）	包括诉讼费用、律师费用、执行费用
	登记财产	获得所有权的程序（个）	按具体数值统计计算
		获得所有权的时间（天）	
		获得所有权属证明的成本（元）	
	公司扩大	扩大投资所需的程序（个）	
		扩大投资所需的时间（天）	
		扩大投资所需的成本（元）	
	利润汇回	利润汇回所需的程序（个）	
		利润汇回的限制（个）	
		利润汇回的时间（天）	
		扩大投资所需的成本（元）	
退出	清算	清算所需的程序（个）	破产清算与解散清算，取中间值
		清算所需的时间（天）	破产清算与解散清算，取中间值
	企业注销	注销所需的程序（个）	按具体数值统计计算
		注销所需的时间（天）	
	股权转让	外资转让股权所需的程序（个）	此处仅考虑外资退出的情况，即外资转让给内资
		外资转让股权所需的时间（天）	

资料来源：作者整理设计而成。

参 考 文 献

[1] 邓芳芳, 王磊, 周亚虹. 市场整合、资源配置与中国经济增长 [J]. 上海经济研究, 2017 (1): 41 - 51.

[2] 樊婷. 中心城区服务型海关监管研究——上海自贸区建设背景下基于渐进决策模型的分析 [J]. 中国经贸, 2016 (2): 44 - 45.

[3] 郭晓合, 陈雯诗. 上海自贸区负面清单与国际 BIT 谈判接轨研究 [J]. 经济体制改革, 2015 (4): 156 - 160.

[4] 胡加祥. 国际投资准入前国民待遇法律问题探析——兼论上海自贸区负面清单 [J]. 上海交通大学学报 (哲学社会科学版), 2014, 22 (1): 65 - 73.

[5] 雷明, 谢晨月. 美中战略与经济对话: 要补益, 别放弃 [J]. 国际经济评论, 2016 (5): 167 - 168.

[6] 李树峰. 我国自贸区海关监管模式的研究——以上海自贸区海关监管为例 [D]. 成都: 西南财经大学, 2016.

[7] 刘轶锴. 上海自贸区金融创新与开放研究 [D]. 杭州: 浙江大学, 2015.

[8] 刘超, 禹伟. 上海自贸区 "负面清单" 若干问题及对中美 BIT 的启示 [J]. 南京财经大学学报, 2014 (6): 7 - 13.

[9] 沈伟. 自贸区金融创新: 实践、障碍及前景——以上海自贸区金融创新立法为切入点 [J]. 厦门大学学报 (哲学社会科学版), 2017 (5): 39 - 47.

[10] 王国兴. 中美战略经济对话: 国际经济协调新框架 [J]. 世界经济研究, 2007 (3): 26 - 28.

[11] 王冠楠, 项卫星. 中美金融国际竞争力差距与双边金融市场开放 [J]. 亚太经济, 2017 (5): 38 - 46.

[12] 尹晨, 王卓群, 马继愈. 中美新型大国关系视野下的上海自贸区发展战略探析 [J]. 复旦学报 (社会科学版), 2016, 58 (5): 158 - 169.

[13] 俞洁, 宾建成. 上海自贸区负面清单管理制度建设的现状、问题与对策 [J]. 产业与科技论坛, 2017, 16 (6): 216 - 218.

［14］张幼文．共同利益是中美战略经济对话的基础［J］．国际经济评论，2007（6）：48-51．

［15］张亭，刘林青．中美产业升级的路径选择比较——基于产品空间理论的分析［J］．经济管理，2016（8）：18-28．

［16］张茉楠．中美须重新定义"经济平衡"关系［J］．中国经济信息，2017（13）：18-19．

［17］赵亮．"自贸区驱动"能否驱动中国经济增长？——基于贸易福利视角的理论机制与实证论证［J］．经济与管理研究，2017，38（4）：16-24．

［18］崔陈冬．成都国际铁路港：四川自贸区的大手笔［J］．现代国企研究，2017（9）：78-82．

［19］高倩．湖北自贸区建设背景下孝感市经济发展机遇与对策［J］．科技创业月刊，2018，31（4）：123-125．

［20］郭进．江海联运，上海建国际航运中心的关键一步［N］．解放日报，2016-09-27（10）．

［21］何众颖，艾万政，刘虎，倪嘉伟．舟山江海联运服务中心发展的探索［J］．特区经济，2018（7）：151-152．

［22］黄斌．上海港开展江海联运的一些思考［J］．交通与港航，2016，3（6）：20-22．

［23］黄先蓉，颜硕．重庆自贸区设立对物流业发展的影响［J］．管理观察，2018（22）：58-59．

［24］黄冈市委党校调研课题组，吴敬秋，姚远，梅思．对接湖北自贸区建设机遇的黄冈策略［J］．学习月刊，2017（3）：21-23．

［25］李育东．"一带一路"战略下的中国内陆自贸区发展定位分析［J］．现代商业，2017（1）：118-119．

［26］刘泉钧，陈雪雯．四川自贸区物流金融发展探索［J］．合作经济与科技，2018（16）：67-69．

［27］秦尊文．关于推动长江经济带城市群联动发展的思考与建议［J］．长江技术经济，2018，2（2）：6-11．

［28］沈最意，游甜，艾万政．舟山港与上海港的竞争合作关系及舟山江海联运服务中心建设建议［J］．水运管理，2016，38（9）：16-13+21．

［29］孙瑞者，龚英，汤晓燕，郑轶，曾艳．"一带一路"战略对重庆市物流业的影响分析［J］．物流工程与管理，2017（12）：4-8．

［30］吴晓婷．湖北自贸区给鄂州带来的机遇、挑战及对策建议［J］．经贸

实践，2017（24）：17-18.

[31] 薛书杰.宁波—舟山港发展江海联运对区域经济发展影响的研究 [D].舟山：浙江海洋大学，2017.

[32] 徐玮蔚.舟山江海联运服务中心发展建议——基于江海联运软环境分析 [J].浙江海洋大学学报（人文科学版），2018，35（3）：20-25.

[33] 姚列钟.宁波—舟山港与上海港的竞争态势及宁波—舟山港的应对策略 [J].港站码头，2011（2）：15-19.

[34] 岳驰，王芬.江海联运服务中心建设背景下的舟山港域与武汉港合作模式 [J].水运管理，2017（9）：22-25.

[35] 中国交通新闻网.四川水路集装箱运输和多式联运加快发展 [EB/OL].http：//www.chinaports.org，2016-01-20/2018-11-15.

[36] 丁焕峰.论区域创新系统 [J].科研管理，2001（6）：1-8.

[37] 郭爱军，陆丽萍.广东、天津、福建自由贸易试验区改革进展及对上海的启示 [J].科学发展，2015（10）：78-82.

[38] 郭嘉沂，蒋冬英，张梦.探秘自贸港 [R].兴业研究公司，2018.

[39] 何骏，张祥建.自贸试验区发展的困境究竟在哪里？——自贸试验区调研总结 [J].当代经济管理，2016，38（11）：30-34.

[40] 胡怡建.上海自贸区税收政策：创新·探索 [J].中国税务，2014（3）：40-42.

[41] 黄先永.舟山市城市公共交通现状与发展研究 [J].交通企业管理，2016，31（8）：41-43.

[42] 宓圆芳.基于SWOT分析的舟山港口物流业发展前景研究 [J].江苏商论，2017（9）：57-59.

[43] 金泽虎，李青青.上海自贸区经验对促进长江经济带贸易便利化的启示 [J].国际贸易，2016（4）：30-37.

[44] 李慈强.论上海自贸区税收征管制度创新与立法完善——兼论《税收征管法》的修订 [J].税务与经济，2016（6）：81-87.

[45] 李猛.建设中国自由贸易港的思路——以发展离岸贸易、离岸金融业务为主要方向 [J].国际贸易，2018（4）：20-26.

[46] 刘芬，邓宏兵，李雪平.增长极理论、产业集群理论与我国区域经济发展 [J].华中师范大学学报（自然科学版），2007（1）：130-133.

[47] 秦诗立.力推舟山大宗商品贸易自由化 [J].浙江经济，2016（19）：26-27.

［48］秦诗立．理性看待自由贸易港创建［J］．产经纵横，2018（4）：56－57．

［49］阮敏敏，胡高福．基于国家战略背景的舟山江海联运服务中心建设研究［J］．江苏商论，2015（11）：45－49．

［50］商务部国际贸易经济合作研究院课题组．中国（上海）自由贸易试验区与中国香港、新加坡自由港政策比较及借鉴研究［J］．科学发展，2014（9）：5－17．

［51］沈果毅，刘旭辉，蒋姣龙．转型发展期城市规划市场适应性探讨——以中国（上海）自由贸易试验区规划为例［J］．上海城市规划，2014（4）：34－41．

［52］苏红键．自由贸易试验区政策对CBD发展的影响与展望［J］．城市，2017（7）：17－22．

［53］汪锦军．“最多跑一次”改革的创新实践和政府治理转型的新命题［J］．中共杭州市委党校学报，2018（3）：73－79．

［54］汤蕴懿．长三角通关一体化制度建设问题［J］．上海经济研究，2016（4）：108－116．

［55］王志宝，孙铁山，李国平．区域协同创新研究进展与展望［J］．软科学，2013（1）：1－9．

［56］王忠．陆海联动助推海洋强国建设——浙江舟山群岛新区发展途径探讨［J］．海洋开发与管理，2014，31（5）：67－70．

［57］魏建国．自贸港不是自贸试验区的简单升级［N］．经济日报，2018－01－25（15）．

［58］吴蓉，潘力．自由贸易试验区可复制可推广的模式与理念研究［J］．海关与经贸研究，2016，37（5）：18－28．

［59］肖林．以结构性改革率先探索高标准自贸试验［J］．科学发展，2016（10）：53－56．

［60］肖林．自贸试验区建设与推动政府职能转变［J］．科学发展，2017（1）：59－67．

［61］徐盈．浙江自贸区建设背景下加快“舟山海员”升级的对策建议［J］．世界海运，2018，41（6）：13－17．

［62］许昌．浙江自贸试验区航运制度创新研究［J］．浙江工业大学学报（社会科学版），2018，17（1）：41－46．

［63］余秀宝．中国（浙江）自由贸易试验区知识产权综合管理体制的构建［J］．浙江海洋大学学报（人文科学版），2018，35（1）：22－30．

［64］俞树彪．浙江自由贸易试验区制度创新研究［J］．浙江海洋大学学报

（人文科学版），2017，34（5）：22－26.

［65］张光明.贸易与金融的结合我国国际融资租赁浅析［J］.商业经济研究，2015（15）：69－71.

［66］张汉东.“一带一路”的浙江使命［J］.浙江经济，2017（11）：28－30.

［67］张磊.上海自贸港建设的突破性与可持续性［J］.WTO经济导刊，2017（11）：61－62.

［68］张协奎，林冠群，陈伟清.促进区域协同创新的模式与策略思考——以广西北部湾经济区为例［J］.管理世界（月刊），2015（10）：174－175.

［69］张湧.系统集成与协同创新：上海自贸试验区改革应处理好的几组关系［J］.科学发展，2017（2）：69－71.

［70］赵晓雷，邓涛涛，刘江华.国际先进自贸区区港一体化模式借鉴［J］.中国外汇，2017（24）：47－49.

［71］钟瑞栋，刘经青.论自贸区融资租赁的立法创新［J］.厦门大学学报（哲学社会科学版），2017（5）：48－59.

［72］周春山，邓鸿鹄，史晨怡.粤港澳大湾区协同发展特征及机制［J］.规划师，2018（4）：5－12.

［73］竺彩华，李锋.上海自贸区建设的主要成就与问题分析［J］.亚太经济，2016（1）：107－111.

［74］朱元甲，刘坤，杨利峰.自贸试验区证券业发展思考与建议［J］.银行家，2017（8）：77－78.

［75］汪云兴.粤港澳大湾区协同创新的着力点［J］.开放导报，2018（2）：55－56.

［76］钟嘉毅.协同创新视阈下粤港澳大湾区发展问题研究——以旧金山湾区为例［J］.淮南职业技术学院学报，2018，18（6）：106－108.

［77］徐奔.广东自贸区在粤港澳大湾区中的战略支点功能研究［J］.知识经济，2018（9）：37－38.

［78］陈相.国外先进地区经验对粤港澳大湾区创新发展的启示［J］.科技创业月刊，2018，31（3）：117－120.

［79］金洁.广东自贸区对珠三角地区经济的影响及对策［J］.全国流通经济，2018（5）：49－50.

［80］刘龙飞.广东自贸区：先行先试，创造“广东经验”［J］.今日海南，2018（4）：25.

［81］刘耘.广东自贸区建立对珠三角地方经济影响的系统分析——以佛山

为例［J］. 价值工程, 2018, 37（34）: 32 - 34.

［82］向晓梅, 杨娟. 粤港澳大湾区产业协同发展的机制和模式［J］. 华南师范大学学报（社会科学版）, 2018（2）: 17 - 20.

［83］吴燕妮. 粤港澳大湾区新挑战广东自贸区的发展进路［N］. 哈尔滨日报, 2018 - 12 - 29（008）.

［84］郭楚. 国家开放战略中, 广东自贸区如何发力?［J］. 环境经济, 2018（Z1）: 82 - 85.

［85］毛艳华, 荣健欣. 粤港澳大湾区的战略定位与协同发展［J］. 华南师范大学学报（社会科学版）, 2018（4）: 104 - 109 + 191.

［86］Nielsen and Alipay. The Outbound Chinese Tourism and Consumption Trends: 2017 Survey［R］. 2018（3）.

［87］北京商报网. 商务部: 2017 年中国年境外消费达 2000 亿美元［EB/OL］. http: //www.bbtnews.com.cn/2018/0311/232317.shtml, 2018 - 03 - 11.

［88］中华人民共和国统计局. 中国统计年鉴［M］. 北京: 中国统计出版社, 2017.

［89］姜超. 从 iWatch 的价值链说起: 庞大出口背后, 中国赚多少钱?［R］. 海通证券专题报告, 2017（7）.

［90］海闻, 赵达. 国际生产与贸易格局的新变化［J］. 国际经济评论, 2007（1）: 12 - 14.

［91］郭秀慧. 全球工序分工与贸易基本范畴分析［J］. 商业时代, 2013（13）: 38 - 39.

［92］朱廷珺, 胡安亚. 工序贸易的研究路径与进展［J］. 经济经纬, 2010（4）: 57 - 61.

［93］侯增艳. 产品内分工与贸易的决定因素［D］. 天津: 南开大学, 2009.

［94］张晓涛. 推动全球经贸发展的中国方案——首届中国国际进口博览会的意义与作用［J］. 人民论坛, 2018（31）: 42 - 43.

［95］严先溥. 重视进口战略对经济的推动作用［J］. 北京财贸职业学院学报, 2018, 34（4）: 5 - 9.

［96］邢孝兵, 徐洁香, 王阳. 进口贸易的技术创新效应: 抑制还是促进［J］. 国际贸易问题, 2018（6）: 11 - 26.

［97］刘志坚, 杨洋. 经济新常态下我国进口贸易战略研究［J］. 北方经济, 2016（7）: 39 - 41.

［98］李思岑. 进口对中国经济增长的影响效应——基于广东及江西两省数

据的比较分析［J］. 市场经济与价格，2016（6）：27－33＋57.

［99］梁诗怡. 消费品进口对我国消费需求的影响研究［D］. 天津：天津商业大学，2016.

［100］丁子格. 中国服务贸易进口的经济增长效应［J］. 北方经贸，2015（5）：22.

［101］于燕. 中国制造业进口贸易增长的溢出效应与竞争效应研究［D］. 北京：对外经济贸易大学，2015.

［102］胡大龙. 进口在中国贸易强国战略中的作用研究［D］. 上海：上海社会科学院，2015.

［103］李予阳. 发挥进口对经济转型升级的促进作用［N］. 经济日报，2014－11－07（006）.

［104］汪敏. 进口贸易对中国高新技术产业全要素生产率的影响［D］. 南京：南京财经大学，2015.

［105］黄琳智. 进口贸易商品结构与经济增长［D］. 杭州：浙江大学，2013.

［106］陈思思. 进口在产业升级中的作用与实现路径［D］. 上海：上海社会科学院，2013.

［107］高运胜. 我国自贸试验区贸易便利化措施比较与创新发展探析［J］. 湖南行政学院学报，2017（1）：39－44.

［108］盛斌. WTO《贸易便利化协定》评估及对中国的影响研究［J］. 国际贸易，2016（1）：4－13.

［109］何力. 全球化背景下中国 AEO 互认及其国际海关法贡献［J］. 海关与经贸研究，2018，39（1）：9－16.

［110］佟家栋. 中国自由贸易试验区的改革深化与自由贸易港的建立［J］. 国际商务研究，2018，39（1）：13－18＋85.

［111］郭永泉. 中国自由贸易港建设和自由贸易试验区深化改革的策略研究［J］. 国际贸易，2018（3）：21－26.

［112］UNCTAD. Investment Facilitation：A Review of Policy Practices，2017.

［113］SOM Chair's Office. APEC Investment Facilitation Action Plan［R］. 2008（5）.

［114］UNCTAD. Investment Facilitation Action Plan Menu，31 May 2016.

［115］Francois J，Hoekman B. Services Trade and Policy［J］. Journal of economic literature，2010，48（3）：642－692.

［116］Kox H，Nordås H K. Services Trade and Domestic Regulation［J］. 2007.

［117］Hoekman B. Trade Agreements and International Regulatory Cooperation in a Supply Chain World［J］. Robert Schuman Centre for Advanced Studies Research Paper No. RSCAS，2015，4.

［118］Joint United Nations Regional Commissions. Trade Facilitation and Paperless Trade Implementation Survey 2015［EB/OL］. https：//www. unescap. org/sites/default/files/Global%20Report%20Final%2020151016. pdf，2019 − 05 − 01.

［119］Maijoor S，Buijink W，Meuwissen R，et al. Towards the Establishment of an Internal Market for Audit Services within the European Union［J］. European Accounting Review，1998，7（4）：655 − 673.

［120］Nordås H K. Services Trade Restrictiveness Index（STRI）：The Trade Effect of Regulatory Differences［J］. 2016.

［121］陶短房. 符拉迪沃斯托克自由港：不定的金号角［J/OL］. 南方都市报 2015 − 07 − 20，http：//www. oeeee. com/nis/201507/20/372031. html，2019 − 05 − 01.

［122］驻哈巴罗夫斯克总领馆经商室. 俄符拉迪沃斯托克自由港相关法律核心政策要点［EB/OL］. http：//khabarovsk. mofcom. gov. cn/article/ztdy/201609/20160901397866. shtml，2019 − 05 − 01.